山西省基础研究计划项目（编号：20210302124120）
山西省来晋工作优秀博士奖励资金项目（编号：20212049）
太原科技大学博士科研启动基金项目（编号：20202047）

考量异质关联性的
信号协调控制干线安全分析

Safety Analysis of Signal-Coordinated Arterials Considering
the Heterogeneous Correlations

范英飞 著

重庆大学出版社

内容提要

本书以信号协调为研究对象,全面审视这一重要干线交通控制系统,在微观、中观和宏观三个层面有机地将异质关联性融入系统的安全评估,构建多重异质关联性安全评价理论与方法,辨识信号协调控制交通安全问题,进而提出主动预防的保障机制和干预事故发生的安全策略。本书有助于在规划、设计和管理层面,为干线信号协调控制的事故预防提出改善措施和建议。

图书在版编目(CIP)数据

考量异质关联性的信号协调控制干线安全分析 / 范英飞著. -- 重庆 : 重庆大学出版社,2024.1
ISBN 978-7-5689-4316-1

Ⅰ.①考…　Ⅱ.①范…　Ⅲ.①交通信号—协调控制—系统安全分析—研究　Ⅳ.①U491.5

中国国家版本馆 CIP 数据核字(2024)第 003779 号

考量异质关联性的信号协调控制干线安全分析
KAOLIANG YIZHIGUANLIANXING DE XINHAO XIETIAO KONGZHI GANXIAN ANQUAN FENXI

范英飞　著

策划编辑:林青山

责任编辑:文　鹏　　版式设计:林青山
责任校对:刘志刚　　责任印制:赵　晟

*

重庆大学出版社出版发行
出版人:陈晓阳
社址:重庆市沙坪坝区大学城西路 21 号
邮编:401331
电话:(023)88617190　88617185(中小学)
传真:(023)88617186　88617166
网址:http://www.cqup.com.cn
邮箱:fxk@ cqup.com.cn(营销中心)
全国新华书店经销
重庆升光电力印务有限公司印刷

*

开本:720mm×1020mm　1/16　印张:8.75　字数:126 千
2024 年 1 月第 1 版　　2024 年 1 月第 1 次印刷
ISBN 978-7-5689-4316-1　定价:69.00 元

前　言

近几十年来,信号协调控制干线的应用获得了较大的关注。不同于单点式的控制策略,信号协调协同了干线上的多个交叉口,旨在提高车辆的通行效率。具体来说,协调控制的信号交叉口生成了"绿波带",减少了车辆的"走停"行为,从而允许车队连续不断地通过干线。已经有大量的研究确认了信号协调控制的优势,如降低车辆的通行时间以及减少车辆的延时和疏散现象。

然而原先的研究主要集中于信号协调的效率优化,安全方面的分析存在着明显的不足,安全效应的评价仍有争议。为了还原真实的安全现状,鉴别显著的安全影响因素,避免潜在的事故风险,需选用合适的统计学方法对信号协调干线进行深入的安全评估。精准的安全评估有助于为信号协调控制干线的安全改善提供科学依据。

事故频次安全评价模型是揭示信号协调干线安全效应的有效工具。在模型的构建过程中,异质关联性是一类不可忽视的重要问题。异质关联性存在于具有内在差异的数据集中,是不可直接观测的潜在的影响效应,它的缺失会引起回归分析中不稳定的指标检测和错误的安全分析结果。考虑信号协调控制干线形成的交通流特性,事故频次模型中异质关联性的考量必须渗透于微观、中观和宏观层面,从而实现多维度系统的安全评价。本书以信号协调控制干线系统为研究对象,全面审视信号协调干线,将异质关联性有机地融入综合的安全评估,拟构建融合多维度的多重异质关联性的(信号协调控制干线)事故频次分析理论与方法。本书的数据来自美国密歇根州安娜堡市,选取了6条自适应系统控制的信号协调干线,事故的统计量来源于密歇根州交通部门建立的数据库(2006—2014)。

在微观层面(路段/信号交叉口内),使用多变量泊松对数正态模型

（MPLN），还原了不同类型事故（受伤和财损事故）间的异质关联性。除此之外，为了校正回归结果，MPLN 模型进一步融合了单变量和多变量的条件自回归（CAR 和 MCAR）空间影响项。基于密歇根州安娜堡市的协调控制干线数据，研究结果表明：①MPLN-MCAR 模型的结果预测精度高于 MPLN-CAR 和 MPLN 模型；②受伤事故和财损事故之间具有较强的异质关联性。

在中观层面（交通子区内），重新构建了联合负二项条件自回归事故求和（JNBCS-CAR）模型，分析了事故在路段和信号交叉口之间的结构异质关联性。同时，将 JNBCS-CAR 模型的适应性与其他的 5 个固有模型作了对比，包括泊松对数正态（PLN）、负二项事故求和（NBCS）、泊松对数正态条件自回归（PLN-CAR）、负二项事故求和条件自回归（NBCS-CAR）和分层泊松对数正态条件自回归（HPLN-CAR）模型。分析发现：①JNBCS-CAR 模型的拟合优度高于其他模型；②在信号协调控制干线上，信号交叉口对路段有着明显的结构异质关联性，然而路段对信号交叉口的结构异质性并不显著。

在宏观层面上（协调控制干线内），基于 PLN 模型，对比了协调干线上 3 种类型的时空异质关联性：固定空间和线性时间变化、固定空间和线性/二次时间变化以及时空交互变化。结果发现：①协调干线的不同点位应该选用不同的安全评价模型，也就是说，伴随时空交互变化的 PLN 模型更适合于路段的数据，而伴随固定空间和线性时间变化的 PLN 模型对信号交叉口数据的拟合程度更高；②时间和空间异质关联性在路段上相互作用，在信号交叉口上互不影响。研究结果强调了在路段上周期性地评估安全风险和动态调整驾驶行为的意义。

在多维度层面上，融合了微观、中观和宏观角度异质关联性的研究理论与方法，构建了考量多重异质关联性的安全评价模型，分析了信号协调控制干线的安全态势。研究发现：①信号协调干线存在着显著的事故、结构和时空异质关联性；②事故异质关联性对评价结果的影响大于时空和结构异质关联性；③交通子区空间异质关联性的变化与时间无关。为了缓解协调控制干线的安全隐患、减少连锁事故的发生，研究结果强调了以关联度为标准设立动态交通控制子区的重要性。

　　本书融合了异质关联性,构建了合理的安全评估体系,揭示了干线信号协调的安全评价结果,辨识了显著的安全影响指标,实现了信号协调干线精准的安全分析。本书的研究结果有助于在规划、设计和管理层面,为信号协调控制干线的事故预防提出有效的措施和建议。同时,本书构建的多重异质关联性分析理论与方法可为其他道路交通的安全评估提供借鉴。

　　　　　　　　　　　　　　　　　　　　　　　　　著　者

　　　　　　　　　　　　　　　　　　　　　　　　　2023 年 9 月

目　录

第1章 绪论

1.1 课题来源

本书依托山西省基础研究计划项目（项目编号 20210302124120）、山西省来晋工作优秀博士奖励资金项目（项目编号 20212049）以及太原科技大学博士科研启动基金项目（项目编号 20202048），旨在开展信号协调控制干线相关安全研究工作。

1.2 研究背景与意义

干线承载着绝大多数的交通运输负荷，是连接整个城市路网的重要组成部分[1-2]。为了缓解干线交通的拥堵情形，确保车辆的通行效率，近几十年来，信号协调控制干线在城市道路交通管理方面得到广泛的应用[3-6]。借助控制干线上相邻的多个交叉口，信号协调产生了"绿波"效应[7-8]，允许排队车辆以最少的停车时间沿着干线行驶，从而提高干线的运营效率[9-12]。具体来说，在研究交通流特性、交通组织条件、交叉口间距和控制类型的基础上，信号协调联动地控制了干线上所有的交叉口，并进一步优化了相位、周期长度等信号特征，形成了整体协调的信号配时方案[13-14]。通过使用不同的优化方法，学者们致力于获得最优的信号协调配时[15-17],从而提高车辆在干线上单位时间内的通行数量[18-20]。例如,基于过程的结果优化技术(Outcome-Based-Approach),同时考虑环境、车辆性质、局部最优目标以及人等变量,避免了主观的单因素考量,反映了协调干线的真实运营需求,实现了信号协调控制干线的效率优化[21]。信号协调控制干线的优势已经从多个方面得到验证,如增加交通流量[22],缓解通行过程的延时[6]以及减少车辆的"走停"现象等[5]。

过去的研究主要集中在信号协调控制干线的效率方面。值得注意的是,安全和效率并不是统一的整体,也就是说,信号协调控制干线效率的优化并不意味着安全效应的提升,可能会导致潜在的事故风险,造成严重的交通安全隐患[23]。据统计,目前每年在世界范围内发生超过135万起交通死亡事故,造成5 000万人受伤。到2030年,道路交通事故预计将成为世界第五大致死原因[24-26]。道路交通安全不仅是确保车辆顺利运行的前提,还是减少医疗费用和生产力的损失,降低交通事故给出行群体造成痛苦和折磨的必要保障[27]。有研究表明,信号协调控制干线的运营会加剧路段、信号交叉口和非协调车流的安全风险,增加事故发生的隐患[13]。同时,信号协调控制干线运营安全性的研究仍显不足,研究结果仍存在争议性[28]。鉴于交通安全是保证协调干线可持续运营的重要前提,需要精准的安全分析,进而鉴别潜在的安全影响因素,提出有效的安全建议。这有助于减少交通事故,缓解财产损失,保障生命安全[29-31]。

事故频次安全分析模型是鉴别安全风险、评估信号协调控制干线安全效应的一种有效手段[32-34]。考虑信号协调控制干线形成的耦合交通流特性,异质关联性是建模过程中一类不可或缺的影响因素[28]。异质关联性是一种不可直接观测的潜在的干扰效应,它存在于具有内在差异的数据中,且对安全评价结果的可靠性产生重要的影响[27]。鉴于此,本书将以信号协调为研究对象,全面审视这一重要的干线交通控制系统,在微观、中观和宏观3个层面有机地将异质关联性融入系统的安全评估,拟构建考量多维度多重异质关联性的(信号协调控制干线)事故频次安全评价理论与方法(图1.1),全面、准确地分析信号协调控制的交通安全问题、辨识安全影响因素,进而提出主动预防的保障机制和干预事故发生的安全策略。

图 1.1　信号协调控制干线的多维度多重异质关联性

研究表明,信号协调控制干线异质关联性的研究在微观、中观以及宏观层面均存在明显不足。微观层面的路段/信号交叉口中,不同类型事故间异质关联性的研究比较缺乏。由于不同类型的事故发生交通安全的风险可能不一致(即某些影响因素可能降低 A 事故发生的概率,但会提高 B 事故发生的概率),因此对异质类型的事故进行评估将从微观角度检验信号协调控制干线的安全性,进而提高回归拟合的精度,确保安全分析结果的稳定性。

同时,中观层面信号协调控制干线的评价方法、评价模型与评价指标等关键环节尚未系统地考虑结构异质关联性。部分安全影响变量的分析局限于指标融入的阶段性过程,不能全面、有机地贯穿于干线信号协调安全评价模型中,面临一系列技术挑战与科学问题。例如,信号协调控制干线使交通子区内相邻异质对象(路段/信号交叉口)的交通流在空间区域上形成关联,进而导致事故分布在结构上呈现出崭新的态势,需要考量信号协调控制下的相邻路段与信号交叉口的空间结构异质关联性问题。

宏观层面,时空异质关联性尚未全面地融合到整个信号协调控制干线的安全分析中。信号协调的干线上,时间异质关联性和空间异质关联性组成了一个紧密相连的整体,需要具体分析时间和空间的变化情形,辨识两者之间的相互影响,确认时空异质关联性对信号协调干线的安全效应。在安全分析中考量时空异质关联性,有助于构建更合理的安全评价模型,实现信号协调干线安全服务水平的精准评估。

为了全面准确地诊断干线信号协调下潜在的交通安全隐患和风险,保障控制系统的运营安全,亟须在信号协调的安全分析中考量异质关联性。本书将协同考虑传统的干线信号协调与交通安全理论,研究面向异质关联性的安全评价模型,构建优质且高效的异质关联性分析理论与方法,辨识影响信号协调干线安全效应的显著因素,为提供多维度(微观、中观和宏观)多重异质关联性的信号协调控制干线安全分析奠定基础。

1.3　国内外研究现状

1.3.1　信号协调控制干线效率优化

信号灯从诞生以来就得到人们的广泛关注,经过不断的发展,已经衍生出旨在提高城市道路通行效率的信号控制方案[7,11-12]。区别传统的固定配时手段,加拿大诞生的信号感应装置大大拓展了协调控制研究的范畴[35]。随着计算机网络的普及,专家学者开发了更深入的信号控制系统。例如,英国的道路研究中心研发了交通网络研究工具(Traffic Network Study Tool,TARNSYT),提出了定时分析信号系统的协调统计优化处理方案[8]。控制理论的研究和发展,促使实时的智能交通系统(Intelligent Traffic System,ITS)得到大量应用,如自适应交通控制系统(Adaptive Traffic Control System,ATCS)[36]、悉尼协调自适应交通系统(Sydney Coordinated Adaptive Traffic System,SCATS)[37]、分割周期补偿最优化技术(Split-Cycle-Offset Optimization Technique,SCOOT)系统[13]等,旨在实现节能、实时、高效、精准等目标,信号协调的配时方案日趋合理,作用更加广泛[13]。近几十年来,信号协调控制在城市交通领域得到普及应用。融合协同分析、传感器技术、自动控制理论、信息技术等先进的理论与方法,信号协调将车辆、道路和人进行系统整合,连接整个干线交通成为一个有机整体[35]。具体来说,信号协调同步控制干线上多个连续的交叉口,进而形成信号"绿波带",促使驾驶员操控车辆连续不停车地通过干线[10,12]。研究表明,相比于单点式、感应式和定周期式控制[38],这种主动的信号协调控制方式可以显著提高干线交通的运营效率[9,39-40]。

目前,信号协调控制关于效率层面的具体优化方案,形成了大量的研究成果,主要包括两类:①以绿波带宽度的最大化为分析目标,最大限度地保障干线车流的运行畅通[41];②以性能指标作为优化目标,如减少车辆的延误[42]、总延误偏差[43]、排队长度[44],提高路段的通行能力[45],以及考量流量与速度的乘积[46]和其他综合性能指标等[47]。同时,大量的优化算法被相应提出,如旨在选择合理的绿波带宽度,Little J D C 使用了 Max-Band 控制方法[48];为了减少车辆延误,Webster 等提出了停车数模型[49];通过直接计算相位差,Purdy 和 Schnorr 对周期时长、节点间距等进行了优化研究[50];借助大系统、智能交通技术,学者们发展了 Forward-Backward 模型来优化信号协调的运营[51-55]。此外,还有一些优化算法,包括模糊控制算法[56]、博弈论算法[31,57]、蚁群算法[29]、分层式及分布式控制算法[58-59]、遗传算法[13,29]、混合整数的线性规划求解算法[48],以及基因算法和递阶控制目标协调算法等[60-61]。

综上所述,大量的研究主要集中在信号协调的效率优化。既有的研究旨在确保干线畅通、提高交通运行效率,但未在优化目标中合理地融入安全考量[62]。信号协调控制系统的优化模型决定了直接运营的实际方案,若缺少必要的安全评估,将难以分析干线在信号协调控制下的安全运营现状。有必要通过建模评估安全服务水平,系统地将安全方面的考量融入信号协调控制干线中,识别潜在的交通安全影响因素。

1.3.2　信号协调控制干线安全考量

信号协调有助于提升干线的交通运营效率,然而信号协调控制干线带来的安全影响仍然有着明显的争议[28]。一种观点认为,随着信号协调的应用,干线上的安全风险将会降低,安全系数将会大大提升[47,63]。例如,Carter 和 St-Onge 研究发现,凤凰城(美国亚利桑那州)的干线交通网络经过信号协调控制后,单位范围内的事故发生频率下降了4.9%[64]。在 ATCS 的信号协调下,Khattak 等认为驾驶员的心态比较稳定,车辆的运行状态比较连贯,不安全的驾驶行为大大减少[36]。此外,在信号协调实施前后的对比研究中,行人、右转和直角事故发生率的显著下降也可以充分验证这一结论[65-67]。这一结果的出现是受益于信号协调的影响效应,"绿波带"下形成的车队会以恒定的车速连续不断地通过信号交叉口,车辆的"走停"行为将会大量减少,从而降低事故发生的概率[68-69]。

另一种观点认为,信号协调控制在运营过程中会产生安全风险,造成事故发生的隐患[7,68,70-71]。例如,Fan 等人指出在干线上实行信号协调控制后,路段将会变得不安全[72]。这一现象可以解释为,受信号协调协同效应的影响,信号交叉口的车流对路段有着较强的关联性,事故从信号交叉口大量迁移到了相邻的路段上。同时,为了提高单位时间内车辆的通行数量,信号协调控制给干线分配以较大的车辆限速[73]。然而这一措施可能会造成较严重的交通后果,引起受伤和死亡事故的发生。类似地,Guo 等人的研究表明,信号协调交叉口的安全状态与孤立交叉口相比有所下降[7]。一个可能的原因是,交通流的大量交互作用,使信号协调的交叉口在空间上紧密相连[70]。如果车辆在"绿波"阶段结束时到达信号交叉口,那么在信号协调控制下的车辆可能倾向于发生危险的驾驶行为(如加速、频繁变换车道和闯红灯等)去追赶已经形成的车队[69],进一步引发更多的追尾和侧向刮擦事故[61]。另外,Zhang 等人选取了美国密歇根州安娜堡市的 6 条协调控制干线,研究发现信号协调后会给干线带来显著的交通安全隐患[74]。例如:①信号协调的干线上交通事故的空间分布比较离散,多区域、多点位事故的发生比较明显;②追尾和刮擦事故在干线协调控制后发生的概率大大增加;③信号协调控制干线的平峰阶段,限速较低路段的事故统计量会显著提高。李卓的研究也表明,信号协调可能在以下两个方面为干线带来事故风险:①信号协调系统在干线上运营时,所有的车辆无法以车队的形式都达到或者通过干线,必定存在一些车辆无法跟上车队,无法在协调周期内通过信号交叉口,处于"绿波带"时间的尾端时,车辆可能会出现"抢时间"行为,从而减小车辆之间的车头时距,容易引起较大的安全隐患;②信号协调控制干线旨在利用系统最优,确保干线先行,这会导致车流在非协调控制支路上的延误时间明显变长,增加了驾驶员的等待时间,容易促使驾驶员心态发生急剧的变化,这可能会引起支路上安全效应的急剧下滑,还会对整个信号交叉口区域甚至整个道路交通网络造成严重的后果[13]。

综上所述,信号协调控制干线安全方面的研究有所不足,研究的结果仍有争议,大量的研究集中于描述性统计分析,缺乏精确的安全分析,安全影响因素有待鉴别。需要使用合适的统计学方法和模型进行深入的安全评估,探索信号协调干线影响因素与交通安全服务水平的内在逻辑关系。精确的安全分析有助于为信号协调干线安全效应的改善提供科学的建议和指导。

1.3.3　传统的事故频次统计学分析方法

事故频次数据的统计学分析是进行道路设计的基础之一,是评价交通安全的重要工具,有助于提出旨在提高安全性能的监管政策。随着时间的推移,统计方法有了稳步的发展和改进,这促使安全研究人员能够从事故数据库中提取更多的信息,从而进行安全设计的广泛指导和政策实施的进一步改进[75]。

多年来,专家学者用大量的统计学模型研究了事故频次的变化规律,进行了安全服务水平的鉴别[32-34,76-77]。基于事故频次(单位时间内某一道路单元发生事故数量的总和)是累积的非负整数数据,泊松回归方法作为最初的贝叶斯计数研究工具,试图用来确定影响事故频次变化的因素,进而针对事故迁移现象提出有效的道路设计方案,并制订相应的安全改进政策[78-79]。然而随着研究的发展,简单泊松回归模型的局限性逐步体现出来。由于基础的泊松回归模型无法处理小样本数据、未能克服潜在的过度离散情形(事故频次的均值远远大于方差)[80-83],因此负二项(或泊松-伽马)模型得到了进一步的应用[84-85]。紧接着,旨在考量不平衡的数据样本(有大量的零事故观测值)、提高事故频次分析的精确性,研究人员使用了零膨胀泊松模型,试图将道路划分为两个独立的状态(零状态和正常计数状态)[86-88]。类似地,许多其他的计数模型也得到了发展,包括伽马模型[89-90]、康韦-麦克斯韦-泊松(Conway-Maxwell-Poisson)模型[91-93]、负二项-林德利(Binomial-Lindley)模型[94-95]和基础的泊松对数正态模型[96-97]等。还有一些研究没有将事故视为计数的数据本身,而是将其视为事故之间的持续时间(持续时间模型),从而进一步生成特定时间段内的事故频次[98]。然而持续时间模型无法解释具体的时变效应,且对数据的精度要求较高。

尽管多年来取得了大量的进展,关于事故频次数据的交通安全统计分析仍然存在着重大的方法障碍,面临着艰巨的挑战,同时也带来了未来的发展机遇。影响事故频次的许多因素中,有些是无法观察到的,或者是几乎不可能从数据中收集到的。如果这些未观察到的因素(异质关联性)与观察到的变量相关,就会在回归过程中估计出有偏差的参数,导致错误的安全评价结果。为了确保回归结果的有效性,需要在传统的事故频次安全分析模型中考量异质关联性的影响。

1.3.4 融合异质关联性的事故频次统计学分析方法

融合异质关联性的统计学分析方法,可以实现变量、异质关联性与事故频次的高度拟合,极大地扩展了对道路交通事故影响因素的理解,有助于提高预测结果的可靠性,从而有针对性地提出有效的安全对策,大大减少与之相关的受伤或死亡现象[27,75]。

以传统的统计学方法为基础,目前可以考量异质关联性的模型主要有 4 大类,包括随机效应模型(将随机效应项添加到传统模型中,如泊松对数正态随机影响模型等),有限混合/潜在类(Finite Mixture/Latent Class)模型,马尔可夫转换(Markov Switching)计数模型以及多变量随机效应模型[27]。随机效应模型允许参数在同一单元内(如某一路段单元)不同的观测值之间变化或在不同的单元之间变化(如信号协调干线的不同路段之间),从而实现不同数据间异质关联性的对比分析[99]。在解释未知异质性的各种方法中,随机效应方法的应用最广泛[27]。这是因为在传统的随机影响检测中,根据特定分析的(Analyst-Specified)连续分布(如正态分布),不同点位的异质关联性随模型中随机参数的变化而改变。随机效应模型在定义参数先验分布(假设参数随观测值变化的分布)的基础上,可以测试满足最高拟合优度的随机分布,从而保证回归结果的合理性,实现回归过程的有效迭代。

有限混合/潜在类模型通过识别具有同质属性的不同单元点位,进而解决无法直接观测到的异质关联性影响[100]。这一模型的优势在于:它不需要定义参数服从的分布如何在不同的单元之间变化。然而由于观察单元的同质性假设,有限混合/潜在类模型无法捕捉到某一具体点位的变化情形,而且当数据量变大时,模型计算起来比较繁杂和冗长。融合随机指标的有限混合/潜在类模型能更加全面地反映异质关联性,目前已应用在市场调研[101]、计量经济学[102]、统计学[103]和事故研究[75]。这种综合模型在有限混合框架内,依据假定的连续分布考量了随机效应的影响。它既可以解释整体异质性,也可以分析个体观测异质性。然而该模型的评估过程仍然较复杂,并且先验分布的指标不容易应用到其他数据集中。

马尔可夫转换模型可以用于事故频次的异质关联性研究,且主要针对长时间累积的事故数据[85]。该模型假设在不同的时间内,事故发生的可能性有两个或多个状态,而且状态之间的转换与事故频次的解释变量无关[87]。根据马尔可夫过程的性质,不同的环境条件、驱动反应和随时间变化的不同因素都可以添加为模型回归方程的一部分,但该模型的检测过程比较复杂。

多变量随机效应模型在随机模型的基础上,对事故数据从不同的维度(如事故类型和时间段)进行分类,从而可以分析数据间的多变量特征,实现多维度异质关联性的处理[104]。作为新兴的统计学分析方法,多变量随机效应模型融合了多变量模型和随机参数模型的优势,能够考量非线性随机变化,实现了事故数据与解释变量之间的高度拟合,是值得大力推广和应用的事故频次分析模型[105]。

本节的后续部分将依据信号协调干线上的 3 类异质关联性(事故、结构和时空异质关联性)展开,具体论述安全方面统计学模型的发展,寻找合适的模型和对应的建模方法,为后续多重异质模型的构建以及具体安全效应的评价奠定基础。

1)事故异质关联性

事故频次评价模型的建立深入揭示了道路网络的安全问题。这些模型构建了事故频次和潜在影响因素之间的关系,鉴别了潜在的交通安全隐患,从而有助于提出相应的保障策略[106]。基于经典的随机影响事故频次分析模型,研究发现不同严重程度的交通事故有着不同的安全影响因素[107-110]。为了从微观的角度准确地评估安全效应,事故通常被分类为 3 个不同的严重层级:死亡、受伤和财损事故。然而,不同类型的事故之间可能有着潜在的异质关联性,从而影响安全评价结果[27,111]。同时,如果忽略不同类型事故间的异质关联性,可能会改变变量检测的显著性,导致回归的变量结果无法进行解释。

几类事故频次评价模型可以分析事故类型异质关联性,如有限混合的潜在分类模型[112-113]、马尔可夫转换计数模型[85,87]以及多变量随机效应模型[104-105]。对于前两个模型来说,当数据量较大时,回归过程中解释变量的估计可能是繁琐和无效的[27]。对于多变量随机效应模型来说,它可以灵活地处理事故异质关联性。此模型可以把不同类型事故之间的差异看成随机项,并通过极大似然估计的方法进行计算[105],从而获取最高拟合优度时的参数估计值。

既有的多变量随机效应模型可以处理事故异质关联性,融合不同类型事故的差异性给预测结果所带来的影响。然而目前很少有研究分析信号协调干线上的事故异质关联性,且尚未从微观角度计量安全的效应,具体分析干线上路段/交叉口内的事故潜在影响因素和交通安全特性,事故异质关联性对协调干线的安全效用尚不明确。

2)结构异质关联性

在信号协调控制干线上,目前很少有研究揭示事故在路段和信号交叉口之间的结构异质关联性[110,114-115]。信号协调的特性,路段和信号交叉口的车流在干线上紧密相连,导致事故在异质单元间存在着结构关联性。区别于其他类型的异质关联性,结构异质关联性存在于有着不同物理特征、地理设计和交通流特性的单元点位之间(如相邻的路段和信号交叉口),它可以看作是在模型检测中事故在异质单元间产生的一种误差影响因素[116-118]。

一些学者认为随机效应模型可以解释异质关联性的现象[27,118-120]。在模型的构建过程中,待检测的异质性随着点位的不同而具有差异性,且服从一种特殊的连续分布[112,121-122]。近年来,有学者将路段和信号交叉口联立到同一个分层随机参数模型中,并且这一模型服从泊松对数正态分布[123-127]。然而,路段和信号交叉口在此模型中实际上没有真正地关联起来,两者之间的作用是相互独立的,并且结构异质关联性是不可测的[71]。为了将不同点位的事故同时建模处理,构建真实的相互作用,Ma 等人使用了交叉联合泊松分布的方法[128]。模型中相关性作用的偏差变化通过多重随机影响项的设计而被解决[109]。

综上所述,目前大部分的统计学分析方法均定义事故在不同的空间异质单元内独立分布,但是当干线上相邻的不同属性的单元之间(尤其在信号协调控制干线情形下)形成紧密相连的逻辑关系时,若直接选用固有的事故频次模型,忽视结构异质关联特性,将严重影响安全水平分析的准确性[116,124]。需要依托随机效应统计学分析方法,重新构建信号协调干线事故频次分析模型,深入融合结构异质关联性,研究干线路段和信号交叉口的安全水平[125]。

3)时空异质关联性

事故频次数据通常在空间或时间维度上具有紧密联系的观测值[120]。这些观测值可能在空间或时间上具有相互作用的影响效应,且可能伴随观测点位的变化而改变。忽略数据的空间和时间异质关联性会影响事故频次和影响因素之间的回归拟合,从而进一步导致低效的安全评价结果和错误的参数估计。例如,时间和空间异质关联性的具象表述可能是随时间或空间延长的路面不规则现象、随时间和空间变化的微气候影响以及随时间和空间有区别的局部视线距离限制等。

(1)时间异质关联性

为了确保事故频次数据样本量的充足,符合回归过程有效性的基本要求,通常会选取多年的数据进行累加,然而多年时间存在的间隔在数据中形成了时间异质关联性[27]。事实上,来自神经科学、认知科学、经济学、心理学和其他研究领域的文献表明,在数据分析中通常被忽视的时间因素,可能在解释现象的趋势发展方面发挥着关键作用,这对传统统计分析的发展具有潜在而深远的影响[120]。例如,驾驶经验影响着驾驶员对道路安全的感知,并随着新的路况信息的出现而不断进行更新。然而变化的驾驶经验会进一步影响驾驶行为(包括驾驶速度的选择、车辆间距的保持等),从而进一步影响事故的发生。随着时间的延续,驾驶经验的变动造成了事故发生概率的转移[129-130],形成了事故的时间异质关联性。除此之外,随着时间的推移,天气因素、照明条件、车况信息和社会经济发展的变化也会造成事故之间的时间关联性。传统的统计分析使用数据来估计各种解释变量的参数(通常假定这些参数随着时间的迁移是固定的),以确定这些变量对事故发生可能性造成的影响。然而估计的参数值实际上随时间以某种基本方式变化,当事故频次模型选用多个时间段的数据构建事故与影响因素的关系时,如果忽视时间异质关联性的影响,会造成错误的安全评价结果[120]。

Malyshkina 等[85]用马尔可夫转换模型(模型预测的事故频次随时间的变化在不同状态之间交替)验证了时间不稳定性,忽略时间状态之间的转换可能会导致模型无法循环迭代。在这一模型中,时间的变化被定义为平稳多状态马尔可夫链(Stationary Multiple-State Markov Chain)的变化过程[85]。同时,为了追踪时间这一干扰因素在多年数据间的变化,Bhat 和 Dubey 呈现了一种带有集成潜在(Integrated Latent)变量的模型[131]。此外,Wang 等人提供了服从负二项分布的广义线性方程来融合追尾事故的时间影响[132]。然而到目前为止,在安全和交通领域处理时间异质性最流行的方法是随机效应模型。例如,泊松对数正态和负二项随机效应模型可以处理时间因素的变化,旨在提高安全分析的准确性[71,120]。除此之外,Mothafer 等人[133]提出了负二项事故求和参数模型,该模型显示了历年的事故总数,并将时间变量视为随机影响,从而能够缓解不稳定关联性的潜在问题。随机影响模型还可以用来精确反映具体时间的变化趋势,如独立/固定时间变化[80]、线性时间变化[134]和线性/二次时间变化等[135]。

(2)空间异质关联性

大量的研究表明,在事故频次分析中空间异质关联性不可或缺[136-137]。尤其当(信号协调控制干线上)信号交叉口(或路段)之间紧密相连时,事故频次在相同结构的单元间存在着显著的空间异质性影响,且这一异质关联性在还原安全效应时起着非常重要的作用。空间异质关联性是一种典型的基础性的异质关联性影响,它存在于有着相似地理分布、结构特征和交通性质单元的事故之间(如同一信号协调干线上,不同路段的事故之间)[74,116,138]。空间异质关联性的研究目前已经引起了广泛的关注,主要集中在以下层面:交叉口[110,139]、路段[116,124]、交通子区[71,109,140-142]、通道[7,74]、县[73,143]以及州/省[144]。一般来说,空间异质关联性可以使用随机效应模型来度量,且可分为单变量和多变量两种情形。条件自回归先验能够还原单变量空间异质关联性,它可以表示为两个分析的同质单元之间的距离函数[74,136,145]。具体来说,条件自回归先验中的距离有很多形式,包括0-1一阶相邻判定[140]、地理中心长度[135,146]以及指数形式下伴随下降率的地理中心长度等[147]。对于不同严重层级的不同类型的事故来说,它们之间存在着多变量空间异质关联性[148-149]。多变量空间异质关联性意味着不同类型事故的空间关联性之间彼此影响(如A事故在同质单元间的空间异质关联性与B事故的空间异质关联性存在着相互作用),且空间异质关联性随着事故类型的变化而有差异。多变量异质关联性可以通过多变量条件自回归先验来估计其影响的大小[110]。

(3) 时间和空间异质关联性的交互作用

近年来有研究将事故计数模型看作广义有序响应模型的特例[131,150-152]。这种广义有序响应的方法具有的优势包括更容易将单变量计数模型扩展到多变量状态,以及能同时分析空间和时间等因素之间的影响。进一步地,考虑时间和空间关联性之间潜在的相互作用,Cheng等人使用随机指标项分析了不同类型的时空异质关联性[153],包括固定空间和线性时间变化、固定空间和线性/二次时间变化以及进一步的时空交互变化。通过模型对比的方式,分析了道路交通上真实的时空异质关联性作用,使得安全评价结果的有效性得到极大提高。

分析可知,空间关联性为基础的异质性影响,既有的随机效应安全评价模型虽然能具体表征时空异质关联性,实现交通安全服务水平的探索,但时空异质关联性的研究未能融入信号协调控制干线这一主题,信号协调控制干线安全研究的精度亟待提高,需进一步明确时空相互作用对安全效应的影响,实现信号协调的情形下干线的安全分析。

1.3.5 研究现状总结

①现有的研究主要集中在信号协调的效率估计上,安全方面的考量尚未系统地融合到信号协调控制干线中,安全评价的结果存在偏差,安全效应的讨论仍存在争议,异质关联性缺乏必要的研究探索。

②随机效应模型是处理异质关联性重要的统计学分析方法,且在进行事故

频次分析时,空间异质关联性有着重要的影响,是构建模型和实现信号协调控制干线精准安全评估的基础。

③微观层面上,路段/信号交叉口内事故类型异质与交通安全的内在联系仍不明确,信号协调控制干线对交通安全的影响机理尚未得到揭示,研究仍不充分。

④中观层面上,很少有研究检验了交通子区内(路段与交叉口之间)隐含的结构异质关联性,有待在信号协调干线的安全评价中建立完善的分析理论与方法。

⑤宏观层面上,对整个信号协调干线上时空异质关联性的评估亟待研究,时间和空间之间具体的相互作用与协调控制安全改善的影响尚不明确。

⑥多维度层面上,异质关联性的考量未能同时贯穿于事故、结构和时空等多个角度。多重异质关联性模型需要进一步完善,缺乏(信号协调控制干线)安全影响因素与安全服务水平内在作用机制的分析,综合安全评价体系有待建立。

1.4　主要工作

1.4.1　研究目标

本书力图实现以下目标:

①构建融合多重异质关联性的安全评价模型,实现多维度的信号协调控制干线安全分析。

②量化解释变量对事故频次的显著性影响,利用参数估计值分析事故频次的变化规律,提出相应的交通安全改善建议。

如图 1.2 所示,在信号协调控制干线研究的背景下,融入空间异质关联性的分析,并以此为基础,从微观、中观及宏观层面依次重点考量事故、结构和时空异质关联性。最终,立足于多维度多重异质关联性的融合,本书旨在构建合理的交通安全统计学分析方法,实现信号协调干线精准的交通安全评估,并有针对性地制订安全干预机制和保障策略。

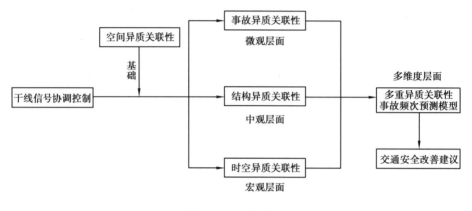

图1.2　研究目标

1.4.2　研究内容

(1)微观层面:信号协调控制干线事故异质关联性分析

在微观层面(路段/交叉口内)揭示信号协调控制干线中异质事故(财损和受伤事故)对交通安全的影响规律(图1.3),为信号协调干线的多重异质关联性分析奠定基础。内容包括:①选取合适的异质事故评价模型;②对比传统的事故频次方法,考量异质事故模型的优劣性;③分析异质事故对信号协调干线安全效应的影响,量化干线信号协调模式下的安全指标。

(2)中观层面:信号协调控制干线结构异质关联性分析

在中观层面(交通子区内)构建信号协调干线结构异质关联性的评价方法(图1.4),分析空间上相邻路段和信号交叉口间事故的影响,为信号协调干线的多重异质关联性分析奠定基础。干线结构异质关联性事故频次建模是干线安全服务水平评价、安全保障策略的基础之一。内容包括:①安全数据整合:考虑干线道路元素(如路段、信号单元和交通子区)的状态变化,有效整合各单元

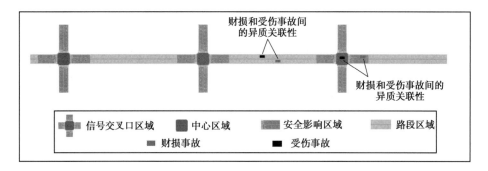

图 1.3 事故异质关联性

数据的变量特征;②信号交叉口-路段异质对象联合建模:探索如何将干线的路段和信号交叉口联合进行建模,量化干线信号协调模式下的异质关联性;③信号交叉口-路段异质关联性安全影响分析:评估邻近信号交叉口和路段的空间关联影响,辨识显著影响事故频次的安全因素,提出相应的安全措施。

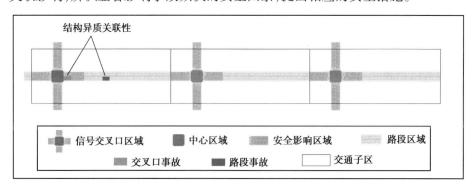

图 1.4 结构异质关联性

(3)宏观层面:信号协调控制干线时空异质关联性分析

在宏观层面(信号协调干线内)构建系统的时空异质关联性交通安全评价方法(图 1.5),揭示整个干线上时间和空间具体的相互作用关系。内容包括:①研究时空异质关联性的评价指标及适用条件;②考量时间因素对事故的干扰,分析时空变化的相互影响特征,建立融合异质关联性的信号协调控制干线安全评价模型;③提出相对应的交通安全干预和保障机制。

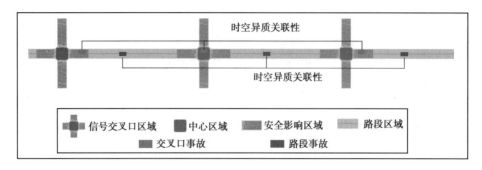

图 1.5 时空异质关联性

(4)多维度层面:信号协调控制干线多重异质关联性分析

以信号协调控制对交通安全的影响机理为基础,融合事故、结构以及时空异质关联性的研究方法,完善考量多重异质关联性的信号协调干线安全评价模型(图1.6),实现系统且有效的交通安全分析。内容包括:①构建合理的信号协调干线多重异质关联性评价模型;②进行模型适应性和拟合性的验证;③在多维度层面评估信号协调控制干线的异质现象;④确定与事故显著相关的安全指标,并提出相应的安全举措。

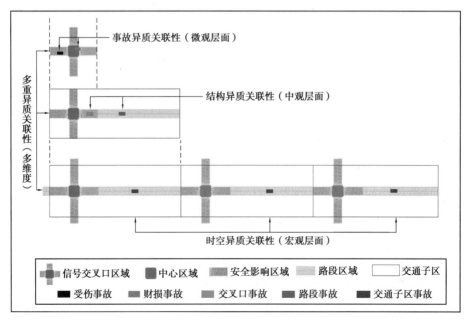

图 1.6 多重异质关联性

1.4.3 研究方法

基于本书的研究目标和内容,使用随机影响事故频次模型和贝叶斯先验等研究方法,评估不同层面的异质关联性,实现信号协调控制干线综合、精确的安全分析。安全评价模型以及模型对比方法的总结见表1.1和表1.2。

在表1.1中,为了研究、对比和分析异质关联性,在融合随机影响项的基础上,本书共使用了17个事故频次模型,包括11个固有的模型和6个新构建的模型。为了精简模型的冗长描述,模型均默认为随机效应模型(已添加了随机影响项),并在表1.1中进行了简称标记。此外,模型具体的使用章节及起到的主要作用也在表1.1中进行了罗列。

表 1.1 带有随机影响效应的事故频次安全评价模型

序号	模型	简称	章节	主要作用	状态
1	泊松对数正态	PLN/模型 A	4.2.1,5.2.1,6.2.1	带有随机效应的事故分析的基础	固有
2	负二项事故求和	NBCS	4.2.2	处理数据不稳定性	固有
3	多变量泊松对数正态	MPLN/模型 B	3.2.1,6.2.1	鉴别事故异质关联性	固有
4	泊松对数正态条件自回归	PLN-CAR	4.2.3	研究空间异质关联性	固有
5	伴随固定空间和线性时间变化的泊松对数正态	模型 1	5.2.1	考量时空异质关联性	固有
6	伴随固定空间和线性/二次时间变化的泊松对数正态	模型 2	5.2.1	处理时空异质关联性	固有
7	伴随时空交互变化的泊松对数正态	模型 3	5.2.1	研究时空异质关联性	固有

续表

序号	模型	简称	章节	主要作用	状态
8	多变量泊松对数正态条件自回归	MPLN-CAR	3.2.2	解决事故和空间异质关联性	固有
9	多变量泊松对数正态多变量条件自回归	MPLN-MCAR	3.2.2	解决事故异质关联性和多变量空间异质关联性	固有
10	负二项事故求和条件自回归	NBCS-CAR	4.2.3	考虑数据不稳定性和空间异质关联性	固有
11	分层泊松对数正态条件自回归	HPLN-CAR	4.2.4	反映空间异质关联性,联立路段和交叉口	固有
12	联合负二项事故求和条件自回归	JNBCS-CAR	4.2.5	解决数据不稳定性,融合空间和结构异质关联性	新建
13	联合多变量泊松对数正态	JMPLN/模型 C	6.2.1	分析事故和结构异质关联性	新建
14	联合多变量泊松对数正态条件自回归	JMPLN-CAR/模型 D	6.2.1	明确事故、结构和空间异质关联性	新建
15	伴随固定空间和线性时间变化的联合多变量泊松对数正态条件自回归	模型 E	6.2.1	研究事故、结构和时空异质关联性	新建
16	伴随固定空间和线性/二次时间变化的联合多变量泊松对数正态条件自回归模型	模型 F	6.2.1	分析事故、结构和时空异质关联性	新建
17	伴随时空交互变化的联合多变量泊松对数正态条件自回归	模型 G	6.2.1	考量事故、结构和时空异质关联性	新建

注:为了精简语言和方便叙述,表格中罗列的模型均默认为添加随机影响项的随机效应模型;区别于多变量情形,单变量空间异质关联性均简称为空间异质关联性。

表 1.2 中总结了本书所用到的 8 类模型的对比方法,包括(加权)平均绝对偏差、(加权)贝叶斯 R^2、(加权)平均平方预测误差、平均标准偏差、(加权)偏差信息准则、(加权)对数拟边际概率、方法一致性检测以及点位一致性检测。此外,不同对比方法的简称、使用的章节、方法的适用性特点、评价准则的性质以及在本书所处的研究地位也在表 1.2 中得以展示。

表 1.2　模型对比方法统计

序号	方法	简称	章节	特点	性质	地位
1	(加权)平均绝对偏差	WMAD/MAD	4.2.6,5.2.2,6.2.3	没有考虑模型复杂程度,对非参数或高度参数化模型的检测会出现偏差	值越低,对应模型的拟合优度越好	经典准则
2	(加权)贝叶斯 R^2	WR^2/R^2	4.2.6,5.2.2	没有考虑模型复杂程度,对非参数或高度参数化模型的检测会出现偏差	值越高,对应模型的拟合优度越好	经典准则
3	(加权)平均平方预测误差	WMSPE/MSPE	5.2.2,6.2.3	没有考虑模型复杂程度,对非参数或高度参数化模型的检测会出现偏差	值越低,对应模型的拟合优度越好	经典准则
4	(综合)偏差信息准则	TDIC/DIC	3.2.4,4.2.6,5.2.2,6.2.3	融合了后验平均偏差和模型复杂程度,但对非参数或高度参数化模型的检测会出现偏差	值越低,对应模型的拟合优度越好	流行准则
5	(综合)对数拟边际概率	TLPML/LPML	5.2.2,6.2.3	对非参数或高度参数化模型呈现着较好的拟合优度	值越高,对应模型的拟合优度越好	新兴准则
6	平均标准偏差	MSD	3.3.1	表明模型预测结果的离散程度	值越低,对应模型的拟合优度越好	验证准则

续表

序号	方法	简称	章节	特点	性质	地位
7	方法一致性检测	MCT	5.2.2	不能在有限的时间段内真实反映复杂模型的演化趋势	可以用值的偏差来比较模型差异性的大小	验证准则
8	点位一致性检测	SCT	5.2.2	可以验证模型适应性的差异	值越高,对应模型的预测稳定性越好	验证准则

1.4.4 技术路线

本书的技术路线如图 1.7 所示。旨在从不同的层面融合多类异质关联性,构建合理的事故频次分析模型,实现信号协调控制干线的精准安全评估,制订改善安全的策略机制。具体步骤如下:①信号协调控制干线数据提取:通过经纬度空间定位,划分信号协调控制干线为信号交叉口、路段以及交通子区 3 个部分,并分别提取各区域的道路设计特征、交通特征和事故数据;②多类别异质关联性分析:依次从微观、中观和宏观层面出发,使用合理的模型考量事故、结构和时空异质关联性,并借助有效的对比方法,验证模型的拟合优度;③融合多维度的多重异质关联性的事故频次安全评价模型构建:基于不同维度异质关联性的分析方法,构建综合的多重异质关联性安全分析模型,进行模型拟合优度的比较,鉴别信号协调控制干线安全影响指标,制订交通安全改善建议。

1.4.5 数学符号及其说明

为了考量多维度的干线信号协调异质关联性,本书使用了大量的数学符号,主要说明见表 1.3。

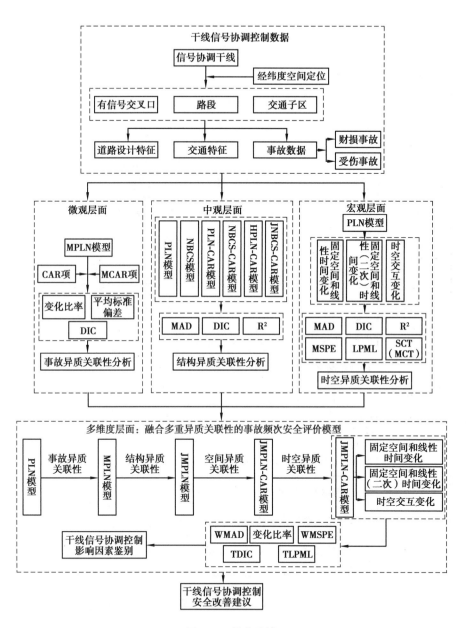

图 1.7 技术路线

注:图中评价模型、对比方法的简称分别见表 1.1 和表 1.2。

表 1.3　主要的数学符号及其说明

数学符号	说明
Y_{ij}^{kt}	点位 $i(i=1,2,\cdots,M;M$ 是点位的总数)、事故严重程度 $j(j=1$ 为受伤事故,$j=2$ 为财损事故)、结构 $k(k=1$ 为路段,$k=2$ 为信号交叉口)以及年份 $t(t=1,2,\cdots,T;T$ 是总年份数)的事故频次
θ_{ij}^{kt}	事故频次的期望值
λ_j^k	回归方程中,关于事故严重程度 j 和结构 k 的常数
$\boldsymbol{\beta}_j^k$	回归方程中,关于事故严重程度 j 和结构 k 的待检测向量
$\boldsymbol{X}_i^k$	回归方程中,关于点位 i 和结构 k 的解释变量组成的向量
D_i^k	二分变量,当 $k=1$ 时等于第 i 个路段的长度,当 $k=2$ 时等于 0
$\sum\limits_{\varepsilon}^{-1}$	$\sum\limits_{\varepsilon}^{-1}\sim\text{Wishart}(\boldsymbol{R},n)$ 是 $\sum\limits_{\varepsilon}$ 的逆矩阵;$\sum\limits_{\varepsilon}$ 代表事故异质关联性的方差-协方差矩阵;$\boldsymbol{R}$ 是定义的标量矩阵;n 是自由度
ε_{ij}^k	反映事故异质关联性,$\varepsilon_{ij}^k\sim\text{MN}_j^k(0,\sum\limits_{\varepsilon})$
$\boldsymbol{Z}_i$	由交通子区的解释变量组成的向量
$\boldsymbol{\eta}$	$\boldsymbol{Z}_i$ 的系数向量
τ_i^k	相关于结构异质关联性的先验指标
μ_i^k	独立的随机变量,服从 $\text{Normal}(0,1/\tau_i^k)$
δ_m	结构异质关联性中待检测的系数,$m=1,2,3$
H_k	结构异质关联性,$H_1=\delta_1\mu_i^1$ 代表信号交叉口施加到路段上的异质关联性,$H_2=(\delta_2\mu_i^1+\delta_3\mu_i^2)$ 代表路段施加到信号交叉口上的异质关联性
φ_i^k	关于点位 i 和结构 k 的空间异质关联性
$\boldsymbol{W}$	φ_i^k 的近似估计矩阵
w_{il}^k	$w_{il}^k\in\boldsymbol{W}$
d_{il}^k	单元 i 和 l 之间关于结构 k 的直线距离

数学符号	说明
α	d_{il}^k 的下降率,值大于 0
σ_φ^k	关于 φ_i^k 服从分布中的先验指标
φ_{ij}^k	φ_i^k 中,进一步划分事故严重程度 j 的多变量空间异质关联性
$\overline{\varphi_{ij}^k}$	代表 φ_{ij}^k 服从分布的均值
$\boldsymbol{\Omega}/r_i^k$	代表 φ_{ij}^k 服从分布的方差;$\boldsymbol{\Omega}$ 是空间异质关联性的方差-协方差矩阵,满足 Wishart 分布;r_i^k 是结构 k 上,单元 i 的相邻空间单元总数
ψ_i	交通子区的空间异质关联性
$\widetilde{ST_i^t}$	$\widetilde{ST_i^t}=\psi_i+(\xi+\delta_i)*t$ 为固定空间和线性时间变化的时空异质关联性;t 为线性的时间趋势;ξ 为所有点位 i 的平均时间变化;δ_i 服从和 ψ_i 一样的分布
$\overline{ST_i^t}$	$\overline{ST_i^t}=\psi_i+(\xi+\delta_i)*t+\gamma*t^2$ 为固定空间和线性/二次时间变化的时空异质关联性;$\gamma*t^2$ 为二次时间的干扰,其中 γ 是相关于二次时间 t^2 的系数
$\widehat{ST_i^t}$	$\widehat{ST_i^t}=\psi_i^t$ 为时空交互变化的时空异质关联性;$\psi_i^t \sim \mathrm{MN}^t(0,\sum)$ 是 ψ_i 融合了时间变化 t 的多变量模式

1.5　本章小结

　　本章从信号协调控制的研究背景和意义出发,依据国内外研究现状,分析了信号协调控制干线效率方面的改善,明确了安全研究方面的不足,阐述了传统统计学分析方法的缺陷,罗列了融合异质关联性事故频次分析模型的发展,进一步总结了实现信号协调控制干线精准安全评价的研究现状。本章制订了清晰的研究目标,旨在融合异质关联性的基础上,完成信号协调干线的综合安全评估,明确合理的交通安全保障策略。依据异质关联性在不同层面的展现形式,确立从微观、中观、宏观 3 个角度分析的研究内容,并在此基础上实现多维度多重异质关联性的安全评价模型的构建。本章依据研究内容,制订了详尽的技术路线:依据选取的数据,构建合理的预测模型体系,对比不同的模型预测效应,鉴别风险隐患,最终总结出提高协调干线安全效应的改善建议。

值得注意的是,随着时间的推移,统计学方法的不断进步将有助于指导和改进道路安全服务水平。本书专注于融合异质关联性的统计学分析方法研究,旨在改善信号协调控制干线的安全现状和发展有效的安全政策,并为其他道路交通网络的精准安全分析提供借鉴。

第 2 章　信号协调控制干线数据

信号协调控制干线数据是进行变量显著性检验、交通安全效应评估的基础。2.1 节描绘了协调控制干线具体的地理分布,并区分了路段、信号交叉口和交通子区的点位范围;2.2—2.4 节分析了本书所需的变量,其中包括事故数据、道路设计特征以及交通特征;2.5 节对本章的内容进行了总结。

2.1　信号协调控制干线

本章数据来源于美国密歇根州安娜堡市的 6 条信号协调控制干线[154],这些干线分别位于 Elisenhower 路、Packard 路、Plymouth 路、Stadium 路、State 路和 Washtenaw 路,如图 2.1 所示。

在这 6 条协调控制的干线上,选取了 38 个信号交叉口和 38 个路段。如图 2.1 所示,黑色的线条表示路段,圆圈表示信号交叉口,白色的线条表示整个区域的道路交通网络。需要说明的是,Zhang 等选用相同的信号协调干线数据进行了研究。通过前后对比分析,发现这些干线在协调控制后伴随着显著的安全隐患[73]。这一结论验证了对这 6 条信号协调干线进行深入安全分析,并进一步识别安全影响因素的必要性。

在选取的信号协调控制干线上,为了准确地区分路段和交叉口所处的位置,制订不同区域的划分方式如下:不失一般性,信号交叉口区域包括从交叉口几何中心到停车线的中心区域以及安全影响区域[距离所有入口 250 英尺

(1 英尺 = 0.304 8 m)的范围];路段位于协调干线上两个相邻信号交叉口间的区域[109,116,155](图 2.2)。除此之外,本书定义交通子区由单一的信号交叉口和其相邻的一个路段组成(图 2.2)。所有交通子区在信号协调控制干线上的分布如图 2.3 所示。划分好路段、信号交叉口和交通子区的范围后,分别统计这些点位的事故统计量、道路设计特征和交通特征等数据。

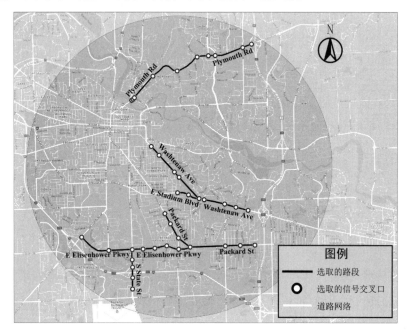

图 2.1 选取的信号协调控制干线

注:参考美国密歇根州交通管理部门的底图重新绘制[154]。

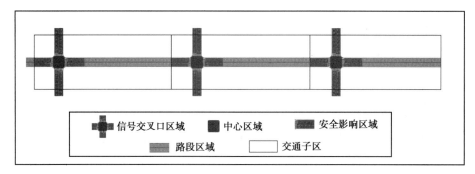

图 2.2 信号协调干线交通子区结构示意图

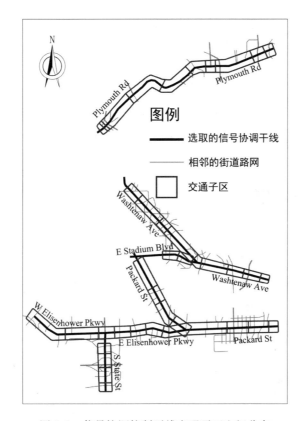

图 2.3　信号协调控制干线交通子区空间分布

　　值得注意的是,由于这 6 条干线采用 SCOOT 系统进行信号协调,因此信号配时操作方案依据实时交通状况优化。相关的信号属性特征(如相位、配时和周期长度)实际上随着时间和车流量的变化而实时更改,无法从自适应的协调干线上直接获得。区别于传统的单点式、定周期式控制[38],自适应系统采用绿信比、周期和相位差的协调优化技术,可以实现动态实时调整的信号控制方法。这一自适应控制系统是由英国 Robertson 研究团队设计开发的[8],目前已经广泛应用到城市交通的效率优化与信号改善层面。自适应系统的运行过程如下:首先利用信号交叉口上游位置安装的检测器,实现包括占有率、交通流量和拥挤程度的实时交通状态检测;其次在系统中输入获取到的道路数据,并依据设定好的各类交通参数,预测下一阶段交叉口的车辆排队情形;最后通过预测得到的结果,调整信号配时特征以满足实时运行的交通流状态。自适应系统的优势在于,它依据交通流量的差异对不同交叉口的信号特征进行合理分配,从而为干线提供灵活可变的信号协调控制方案。同时,自适应系统的优化过程会对系统中的交通参数进行微小的调整,从而保证参数的变化幅度和频率,实现对交通运行情形的合理干预,满足了对动态变化交通流的实时响应[8]。

2.2 事故数据

区别于原先的信号控制模式,选取的 6 条干线从 2005 年开始采用自适应协调控制方案。为了保证数据的充分性,本研究从密歇根州交通部门(Michigan Department of Transportation,MDOT)建立的数据库选取了 9 年(2006—2014)的交通事故数据。密歇根州数据库的数据视图和变量视图如图 2.4 和图 2.5 所示。

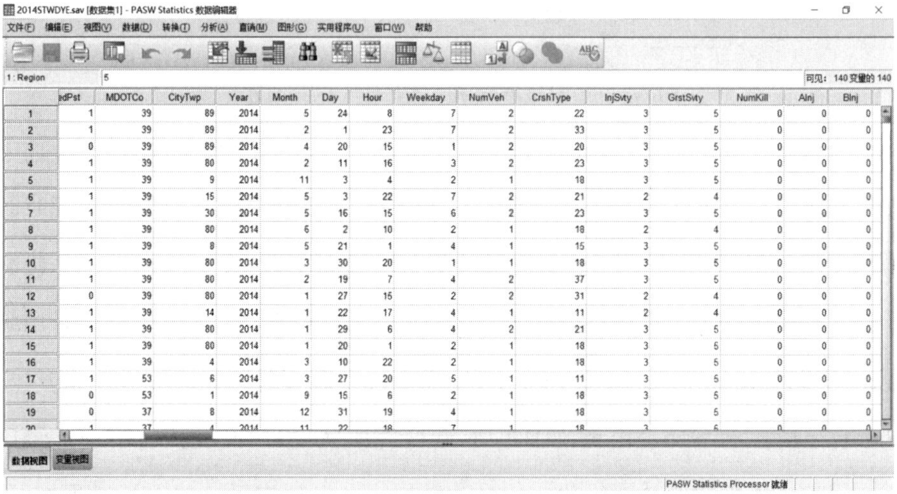

图 2.4 密歇根州数据库数据视图

数据库中对每一起事故进行了详细的描述,包括经纬度坐标信息、事故类型及严重程度等。为了精确筛选出所需路段/信号交叉口/交通子区的事故数

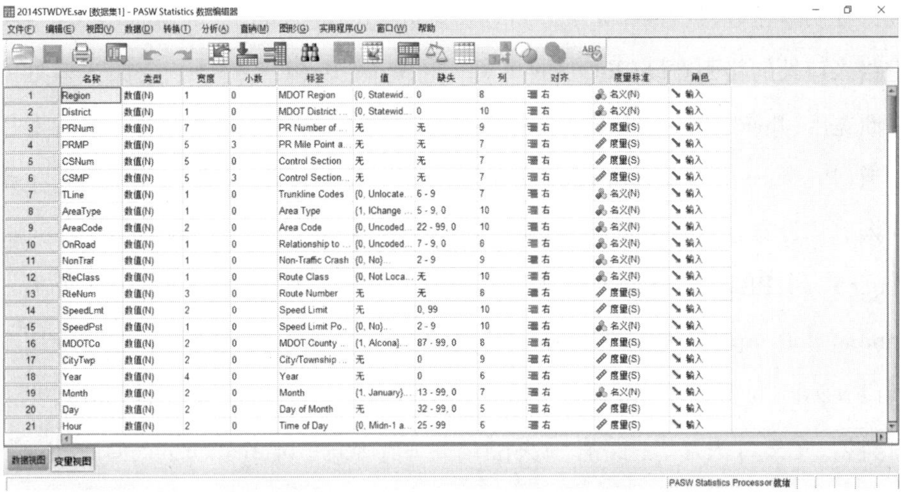
2014STWDYE.sav [数据集1] - PASW Statistics 数据编辑器

文件(F) 编辑(E) 视图(V) 数据(D) 转换(T) 分析(A) 直销(M) 图形(G) 实用程序(U) 窗口(W) 帮助

	名称	类型	宽度	小数	标签	值	缺失	列	对齐	度量标准	角色
1	Region	数值(N)	1	0	MDOT Region	{0, Statewid...	0	8	右	名义(N)	输入
2	District	数值(N)	1	0	MDOT District ...	{0, Statewid...	0	10	右	名义(N)	输入
3	PRNum	数值(N)	7	0	PR Number of ...	无	无	9	右	度量(S)	输入
4	PRMP	数值(N)	5	3	PR Mile Point a...	无	无	7	右	度量(S)	输入
5	CSNum	数值(N)	5	0	Control Section	无	无	7	右	度量(S)	输入
6	CSMP	数值(N)	5	3	Control Section...	无	无	7	右	度量(S)	输入
7	TLine	数值(N)	1	0	Trunkline Codes	{0, Unlocate...	6 - 9	7	右	名义(N)	输入
8	AreaType	数值(N)	1	0	Area Type	{1, IChange ...	5 - 9, 0	10	右	名义(N)	输入
9	AreaCode	数值(N)	2	0	Area Code	{0, Uncoded...	22 - 99, 0	10	右	名义(N)	输入
10	OnRoad	数值(N)	1	0	Relationship to ...	{0, Uncoded...	7 - 9, 0	6	右	名义(N)	输入
11	NonTraf	数值(N)	1	0	Non-Traffic Crash	{0, No}...	2 - 9	9	右	名义(N)	输入
12	RteClass	数值(N)	1	0	Route Class	{0, Not Loca...	无	10	右	名义(N)	输入
13	RteNum	数值(N)	3	0	Route Number	无	无	6	右	度量(S)	输入
14	SpeedLmt	数值(N)	2	0	Speed Limit	无	0, 99	10	右	度量(S)	输入
15	SpeedPst	数值(N)	1	0	Speed Limit Po...	{0, No}...	2 - 9	10	右	名义(N)	输入
16	MDOTCo	数值(N)	2	0	MDOT County ...	{1, Alcona}...	87 - 99, 0	8	右	度量(S)	输入
17	CityTwp	数值(N)	2	0	City/Township ...	无	0	9	右	度量(S)	输入
18	Year	数值(N)	4	0	Year	无	0	6	右	度量(S)	输入
19	Month	数值(N)	2	0	Month	{1, January}...	13 - 99, 0	7	右	名义(N)	输入
20	Day	数值(N)	2	0	Day of Month	无	32 - 99, 0	5	右	度量(S)	输入
21	Hour	数值(N)	2	0	Time of Day	{0, Midn-1 a...	25 - 99	6	右	度量(S)	输入

数据视图　变量视图

PASW Statistics Processor 就绪

图 2.5　密歇根州数据库变量视图

据,首先对点位(路段/交叉口/交通子区)进行 1 ~ 38 的数字编号,其次利用 Google Earth 2014 软件确定不同编号点位所在区域的经纬度范围,最后将识别出的经纬度范围导入密歇根州数据库,从而辨识出点位具体所在区域的事故数据统计量。通过筛选,剔除涉及动物、非机动车(自行车、摩托车等)和行人等本书不涉及的交通事故,在评估的信号协调控制干线上总共确定了 5 613 起交通子区事故,包括在路段上的 1 966 起事故和在信号交叉口的 3 647 起事故。此外,路段上发生了 1 576 起财损事故以及 387 起受伤事故;信号交叉口上发生了 2 989 起财损事故以及 657 起受伤事故。

2.3　道路设计特征

道路设计特征反映着信号协调干线的功能性需求[109]。综合后续研究内容,在路段上选取的道路设计特征变量有车道数、路段长度、中间开口宽度、道路等级、车道密度和中间开口密度;信号交叉口统计的变量包含主路的直行专用车道数目(Number of Exclusive Through Lanes on Major Road,NETMA),支路的直行专用车道数目(Number of Exclusive Through Lanes on Minor Road,NETMI),主路入口处的路面宽度(Roadway Width of Major Road,RWMA),支路入口处的路面宽度(Roadway Width of Minor Road,RWMI),主路的入口均设有左转专用车道(Presence of Left-Turn Lane at Both Approaches on Major Road,PLMA),主路的入口均设有右转专用车道(Presence of Right-Turn Lane at Both Approaches on Major Road,PRMA),支路的入口均设有左转专用车道(Presence of Left-Turn Lane at Both Approaches on Minor Road,PLMI),支路的入口均设有右转专用车道(Presence of Right-Turn Lane at Both Approaches on Minor Road,PRMI),交叉口类型,交叉口大小,主路有中央隔离带(Presence of Median on Major Road,PMMA)和支路有中央隔离带(Presence of Median on Minor Road,PMMI);交通子区的道路设计特征变量为交通子区的长度。以上道路设计特征的获取是通过筛选密歇根州事故数据库,以及通过测量 Google Earth 2014 软件上 2012 年的卫星图像(2006—2014 这 9 年时间内,道路特征几乎没有发生变化)。上述变量的具体解释和说明详见第 3—6 章中的数据描述性统计(见 3.1,4.1,5.1 和 6.1 节)。

2.4　交通特征

交通特征描述了信号协调干线的运营现状[109],地理信息系统(ArcGIS)软件和密歇根州东南政府部门的交通流量地图[156]可以用来获取相关的特征数据。综合后续章节内容,路段的交通特征变量包括车辆限速和年平日交通流量(Annual Average Daily Traffic,AADT);信号交叉口的交通特征变量包括主路的车辆限速(Posted Speed Limit on Major Road,PSMA)、支路的车辆限速(Posted Speed Limit on Minor Road,PSMI)、主路和支路车辆限速差的绝对值(Absolute Speed Limit Difference Between Major and Minor Roads,ASD)以及主路的 AADT;交通子区的相关变量包括交通子区内的平均车辆限速和平均 AADT。数据中没有包含信号交叉口支路的 AADT,这是因为支路的车流量相对较小,相关的统计数据大量缺失。以上变量的详细描述参见第 3—6 章的描述性统计(见 3.1,4.1,5.1 和 6.1 节)。

2.5　干线安全性前后对比分析

为了充分了解信号协调对事故的影响,有必要通过前后对比研究来评估安全有效性。基于 MDOT 数据库提供的精确信息,在信号协调干线上对 2003—2004 年与 2006—2007 年的事故数据进行分析比较。需要说明的是,获取到的事故数据库不包含 2003 年以前的经度和纬度坐标。同时,根据密歇根州东南政府部门的交通流量地图[156],验证了信号协调前后干线的平均 AADT 百分比变化值非常小(<1%)。

最终的数据集分别包括信号协调实施前后干线上的 1 308 次和 1 147 次事故。根据每次事故的具体地理信息(即经纬度坐标),图 2.6 描述了信号协调前后的热力分布。其中,红色区域的事故风险相对较高,绿色区域的事故风险较低。显然,在协调信号控制下,事故更倾向于在干线上进行空间聚集(如图中深色框线)。此外,信号协调前后一些绿色区域变成了红色(如图中浅色框线),这意味着干线在信号协调控制下的事故风险似乎更高。应用信号协调后,干线在某些区域的安全有效性下降,这一发现验证了进一步量化事故与协调干线解释变量关联性的必要。

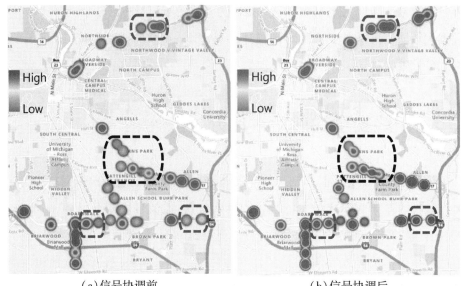

|(a)信号协调前|(b)信号协调后|

图2.6　热力图事故分布

2.6　本章小结

本章描述了6条自适应控制的信号协调干线数据(美国密歇根州安娜堡市)。首先划分了路段、信号交叉口和交通子区的区域,然后使用密歇根事故数据库、Google Earth 2014软件、ArcGIS软件以及密歇根州交通流量地图,在不同的区域范围内分别筛选了事故数据、道路设计特征和交通特征。本章的数据统计和处理,为信号协调控制干线异质关联性的研究以及相关交通安全效应的分析奠定了基础。

本书所需数据的精度较高(如需获取事故点位的经纬度坐标),由于我国目前的交通事故数据库存在信息记录不全等缺陷,因此使用了美国安娜堡市的干线数据进行研究分析。美国的城市道路具有非机动车出行占比较低,交通流量相对较小等特点,本书安全评价结果同样适用于国内类似的信号协调控制干线。今后可以借鉴本书的安全评估方法和提出的安全保障策略,充分采集国内相应干线的协调数据信息,全面地分析国内信号协调控制干线安全效应的改善。

第3章　信号协调控制干线事故异质
关联性安全分析

　　微观层面,目前缺乏信号协调控制干线事故异质关联性的研究。首先,3.1节选取密歇根州安娜堡市的信号协调干线数据,3.2节使用多变量泊松对数正态模型(MPLN),融合了路段(或信号交叉口)内受伤和财损事故之间的相互作用。其次,应用多变量条件自回归(MCAR)技术,考量了路段(或信号交叉口)之间的多变量空间异质关联性,提高了回归分析中事故频次模型的有效性。最后,旨在改善信号协调控制干线的安全效应,分析了变量显著性检测的结果,提出了干预事故发生的安全策略(3.3—3.5节)。

3.1　数据描述性统计

　　选取第2章信号协调控制干线的数据,表3.1和表3.2分别总结了路段和信号交叉口变量的描述性统计。依据选取的信号协调干线的事故统计,由于死亡事故的样本量非常小,为了避免数据的不平衡性[27,75,120],没有将该类事故包含在最终的统计量中。

表3.1　路段变量的描述性统计

变量	描述	均值	方差	最小值	最大值
事故数据					
受伤事故	受伤事故统计量(2006—2014)	10.184	10.029	0	34
财损事故	财损事故统计量(2006—2014)	41.474	41.474	0	176
道路设计特征					
等级	道路等级(在主干线上取1,在次干线上取0)	0.263	0.446	0	1
车道	车道数量	4.921	0.818	2	7
长度	路段长度[英里(1英里=1.609 km)]	1.075	0.789	0.060	3.237
交通特征					
log AADT	对数关系的年平均日交通流量[log(车流量/d)]	4.361	0.147	4.090	4.584
限速	车辆限速(英里/h)	36.716	4.393	30	45

注:英文缩写的全称见2.4节。

表3.2　信号交叉口变量的描述性统计

变量	描述	均值	方差	最小值	最大值
事故数据					
受伤事故	受伤事故统计量(2006—2014)	17.289	12.076	0	46
财损事故	财损事故统计量(2006—2014)	78.658	78.658	4	262
道路设计特征					
类型	交叉口类型(十字形交叉口取1,T字形交叉口取0)	0.684	0.471	0	1
宽度—主路	主路入口处的路面宽度(英尺)	67.126	22.605	36.024	135.367
宽度—支路	支路入口处的路面宽度(英尺)	42.159	14.501	21.194	76.870

续表

变量	描述	均值	方差	最小值	最大值
PLMA	主路的入口均设有左转专用车道（是取 1, 否取 0）	0.500	0.507	0	1
PLMI	支路的入口均设有左转专用车道（是取 1, 否取 0）	0.605	0.495	0	1
交通特征					
log AADT —主路	对数关系的主路的年平均日交通量[log(车流量/d)]	4.373	0.147	4.090	4.584
限速—主路	主路的车辆限速（英里/h）	37.241	5.028	30	45
限速—支路	支路的车辆限速（英里/h）	30.796	5.265	25	40

注：英文缩写的全称见 2.3—2.4 节。

3.2　统计学分析方法

为了对信号协调控制干线进行综合安全评估,本章选用了 3 种事故频次模型进行对比,包括 MPLN 模型、MPLN-CAR 模型和 MPLN-MCAR 模型。表 3.3 总结了所用模型的作用及所处的章节,其中 MPLN 模型是其他两个模型的基础,可以用来鉴别受伤和财损事故之间的事故异质关联性[110];通过添加 CAR 和 MCAR 项,构建 MPLN-CAR 和 MPLN-MCAR 模型,分别处理单变量和多变量的空间异质性影响。其中,3.2.1 节呈现了 MPLN 模型的基本结构,3.2.2 节具体介绍了 CAR 和 MCAR 项的表达形式,3.2.3 节描绘了事故异质关联性的变化比率,3.2.4 节则阐述了模型对比的方法。

表 3.3　安全评价模型总结

模型	MPLN	MPLN-CAR	MPLN-MCAR
章节	3.2.1	3.2.2	3.2.3
作用	鉴别事故异质关联性	处理单变量的空间异质关联性	研究多变量的空间异质关联性

3.2.1　多变量泊松对数正态模型

MPLN 模型的框架结构描述如下：

$$y_{ij}^k \sim \text{Possion}(\theta_{ij}^k) \tag{3.1}$$

$$E(y_{ij}^k) = \theta_{ij}^k \tag{3.2}$$

其中，y_{ij}^k 代表在单元 $i(i=1,2,\cdots,M)$，事故严重程度 $j(j=1,2,\cdots,S)$，结构 $k(k=1,2,\cdots,N)$ 上的事故统计量；$M=38$；$S=2(j=1$ 为受伤事故，$j=2$ 为财损事故）；$N=2(k=1$ 为路段，$k=2$ 为信号交叉口）；θ_{ij}^k 是 y_{ij}^k 的数学期望。

事故统计量的概率分布满足以下的公式：

$$\text{pr}(y_{ij}^k) = \exp(-\theta_{ij}^k)(\theta_{ij}^k)^{y_{ij}^k}/(y_{ij}^k)! \tag{3.3}$$

进一步地，θ_{ij}^k 服从以下分布：

$$\log(\theta_{ij}^k) = \lambda_j^k + \boldsymbol{\beta}_j^k \boldsymbol{X}_i^k + \varepsilon_{ij}^k \tag{3.4}$$

其中，λ_j^k 为相关于事故类型 j 和结构 k 的截距；$\boldsymbol{\beta}_j^k$ 为由回归指标组成的向量；$\boldsymbol{X}_i^k$ 为所有单元 i、结构 k 的解释变量所组成的向量；$\varepsilon_{ij}^k \sim \text{MN}_j^k(0, \sum_\varepsilon)$ 反映了事故异质关联性；MN 为多变量正态分布；$\sum_\varepsilon$ 为事故异质关联性的方差-协方差矩阵，定义其服从的分布为：

$$\sum_\varepsilon^{-1} \sim \text{Wishart}(\boldsymbol{R}, n) \tag{3.5}$$

在式（3.5）中，$\sum_\varepsilon^{-1}$ 为 $\sum_\varepsilon$ 的逆矩阵；$\boldsymbol{R}$ 为被 Jonathan 等人定义的标量矩阵[157]；n

是自由度,本章中定义为 2(因为只有受伤和财损两类事故)。

3.2.2　条件自回归和多变量条件自回归项

依据 CAR 中定义的准则,单变量空间异质关联性 φ_i^k 可由矩阵 $\boldsymbol{W}$ 来近似估计[79,140,145,158]。矩阵 $\boldsymbol{W}$ 的元素 w_{il}^k 代表单元 i 和 l 之间关于结构 k 的空间异质关联性。w_{il}^k 满足以下的距离函数:

$$w_{il}^k = \begin{pmatrix} \exp^{-\alpha d_{il}^k} & \text{如果结构 } k \text{ 上的单元 } i \text{ 和 } l \text{ 位于同一条信号协调干线上} \\ 0 & \text{如果结构 } k \text{ 上的单元 } i \text{ 和 } l \text{ 位于不同的信号协调干线上} \end{pmatrix}$$

$$(3.6)$$

其中,d_{il}^k 为单元 i 和 l 之间的直线距离;指标 $\alpha(>0)$ 为 d_{il}^k 的下降率[147]。如果结构 k 上的单元 i 和 l 位于不同的信号协调控制干线上($w_{il}^k = 0$),那么 i 和 l 之间不存在空间异质关联性;如果结构 k 上的单元 i 和 l 位于同一条信号协调控制干线上($w_{il}^k = \exp^{-\alpha d_{il}^k}$),那么随着 i 和 l 之间 d_{il}^k 的变大,它们之间的空间异质关联性越小。

φ_i^k 服从分布的表达式如下:

$$\varphi_i^k \mid \varphi_{-i}^k \sim \text{Normal}\left(\frac{\sum_{l \neq i} w_{il}^k \varphi_i^k}{\sum_{l \neq i} w_{il}^k}, \frac{(\sigma_\varphi^k)^2}{\sum_{l \neq i}^M w_{il}^k} \right)$$

$$(3.7)$$

其中,φ_{-i}^k 为当 $-i \neq i$ 时所有 φ_i^k 的集合,σ_φ^k 为先验指标。

关于 φ_i^k 的多变量形式 φ_{ij}^k,它服从以下分布[159]:

$$\varphi_{ij}^k \mid (\varphi_{-i1}^k, \cdots, \varphi_{-ij}^k) \backsim \text{MN}\left(\overline{\varphi_{ij}^k}, \frac{\boldsymbol{\Omega}}{r_i^k} \right)$$

$$(3.8)$$

其中,φ_{ij}^k 由 $(\varphi_{-i1}^k, \cdots, \varphi_{-ij}^k)$ 生成;$\overline{\varphi_{ij}^k}$ 和 $\boldsymbol{\Omega}/r_i^k$ 分别代表多变量正态分布的均值和方差;$\boldsymbol{\Omega}$ 是空间异质关联性的方差-协方差矩阵,且满足式(3.5)里的 Wishart 分布;r_i^k 是结构 k 上单元 i 的相邻空间单元总数。更具体的变量描述请参阅 Alarifi 等人[124]和 Huang 等人[111]的文献。

3.2.3　变化比率

定义 α 为空间异质关联性的变化比率,其具体公式如下:

$$\alpha = \frac{\mathrm{sd}(\varphi)}{\mathrm{sd}(\varepsilon)} \tag{3.9}$$

其中,sd(·)为标准偏差,φ 和 ε 分别为空间和事故异质关联性。α 的值越小,表示空间异质关联性的占比越小(相对于事故异质关联性来说),对预测结果的影响越小[111]。

3.2.4　贝叶斯先验和模型对比

偏差信息准则(DIC)可以用来比较不同模型的拟合优度差异[160],其具体公式如下:

$$DIC = \overline{D} + P_D \tag{3.10}$$

其中,$\overline{D}$ 代表后验平均偏差,P_D 代表模型的复杂程度。DIC 值越小意味着有相对较高的拟合优度。

3.3　安全评价结果

WinBUGS 1.4.3 软件用来对模型 MPLN,MPLN-CAR 和 MPLN-MCAR 进行回归过程的仿真。与 Huang 等文献中的设定相同[111],所有模型都进行了总共20 000 次的循环,包括 5 000 次的初始迭代。为了量化空间异质关联性的影响,MPLN-CAR 和 MPLN-MCAR 模型分别在 WinBUGS 1.4.3 软件中调用了 CAR. NORMAL 和 MV. CAR 函数[160]。

3.3.1　模型拟合优度分析

表3.4 总结了所有模型的适应性结果。对于路段来说,MPLN-MCAR 模型的

DIC 值(398.061)比 MPLN 和 MPLN-CAR 模型的小(依次为 404.648 和 415.481)。这表明相较于其他模型来说,MPLN-MCAR 模型有着更高的拟合优度。对于信号交叉口来说,MPLN-MCAR 模型的 DIC 值最小(525.191),其次是 MPLN 模型(525.255),MPLN-CAR 模型的 DIC 值最大(532.959)。相对来说,MPLN-MCAR 模型对交叉口的数据具有更好的拟合优度。综上所述,类似于 Huang 等人[111]、Lee 等人[161]和 Wang 等人[162-163]文献中拟合优度的评判,MPLN-MCAR 模型在整个信号协调干线上(路段和信号交叉口)有着最好的模型适应性。

表 3.4　模型适应性对比

点位	模型	DIC
路段	MPLN 模型	404.648
	MPLN-CAR 模型	415.481
	MPLN-MCAR 模型	398.061
信号交叉口	MPLN 模型	525.255
	MPLN-CAR 模型	532.959
	MPLN-MCAR 模型	525.191

为了验证表 3.4 中所得的评价结果,表 3.5 统计了受伤和财损事故的平均标准偏差(MSD)。MSD 可以用来表明数据之间的离散程度,并且其值越低表明对应检测模型的适应性越好。与 MPLN 和 MPLN-CAR 模型相比,MPLN-MCAR 模型从总体上来说有着最小的 MSD 值和最高的拟合优度,这与表 3.4 中的结果一致。

综合表 3.4 和表 3.5 的结果,后续的变量检测和安全分析将依据 MPLN-MCAR 模型来展开。

表 3.5　事故的平均标准偏差统计

点位	事故类型	MPLN 模型	MPLN-CAR 模型	MPLN-MCAR 模型	下降率[a]/%	下降率[b]/%
路段	受伤事故	0.820	0.681	0.694	0.661	2.937
	财损事故	2.022	1.592	1.604	1.586	0.377

续表

点位	事故类型	MPLN 模型	MPLN-CAR 模型	MPLN-MCAR 模型	下降率[a] /%	下降率[b] /%
信号交叉口	受伤事故	0.820	0.833	0.787	4.024	5.522
	财损事故	2.022	2.891	2.039	−0.841	29.471

注:[a]MPLN 模型相对于 MPLN-MCAR 模型的 MSD 下降率;[b]MPLN-CAR 模型相对于 MPLN-MCAR 模型的 MSD 下降率。

3.3.2 变量检测

MPLN-MCAR 模型在路段上的检测结果表明(表3.6),受伤和财损事故与车道数以及路段长度正显著相关。车辆限速的提高会减少财损事故,然而这一变量的变化与受伤事故的发生没有直接的关联性。log AADT 与受伤和财损事故之间没有显著的影响关系。

表 3.6 路段变量回归结果

事故类型	变量	MPLN 模型		MPLN-CAR 模型		MPLN-MCAR 模型	
		均值	95% 置信区间	均值	95% 置信区间	均值	95% 置信区间
受伤事故	截距	**1.000**	(0.938,1.062)	**0.999**	(0.937,1.062)	**1.001**	(0.939,1.064)
	道路设计特征						
	道路等级	0.503	(−0.620,1.728)	0.995	(−0.853,2.801)	0.122	(−0.996,1.166)
	车道	0.284	(−0.340,0.847)	**3.604**	(2.887,4.654)	**0.810**	(0.364,1.326)
	长度	**0.762**	(0.169,1.206)	**2.112**	(1.087,3.047)	**0.852**	(0.508,1.159)
	交通特征						
	log AADT	0.011	(−0.341,0.346)	**1.992**	(1.304,3.006)	−0.192	(−0.454,0.146)
	限速	−0.158	(−0.407,0.002)	**7.355**	(6.399,8.235)	−0.194	(−0.442,0.027)
	α	—	—	**0.007**	(0.003,0.013)	**0.338**	(0.270,0.408)
	事故异质关联性(ε)	**0.971**	(0.937,0.989)	**0.986**	(0.969,0.995)	**0.998**	(0.992,1.000)

续表

事故类型	变量	MPLN 模型		MPLN-CAR 模型		MPLN-MCAR 模型	
		均值	95% 置信区间	均值	95% 置信区间	均值	95% 置信区间
财损事故	截距	**0.999**	$(0.938,1.059)$	**0.999**	$(0.938,1.061)$	**0.999**	$(0.938,1.062)$
	道路设计特征						
	道路等级	0.368	$(-0.803,1.497)$	-0.332	$(-1.305,0.674)$	0.748	$(-0.631,1.851)$
	车道	0.203	$(-0.446,0.724)$	-0.218	$(-0.750,0.277)$	**0.885**	$(0.402,1.287)$
	长度	**0.746**	$(0.129,1.156)$	**0.386**	$(0.087,0.729)$	**0.899**	$(0.484,1.302)$
	交通特征						
	log AADT	0.183	$(-0.173,0.408)$	**0.339**	$(0.064,0.493)$	-0.077	$(-0.348,0.266)$
	限速	-0.156	$(-0.319,0.016)$	**0.317**	$(0.196,0.517)$	**-0.229**	$(-0.487,-0.003)$
	α	—	—	**0.144**	$(0.069,0.224)$	**0.272**	$(0.200,0.358)$

注:详细的变量描述参见表 3.1;黑体表明对应变量在该模型的检测下具有显著性。

　　表 3.7 展示了信号交叉口的回归结果。依据 MPLN-MCAR 模型,十字形交叉口比 T 字形交叉口容易发生更多的受伤和财损事故。此外,主路/支路的入口均设有左转专用车道(PLMA 和 PLMI),将会提高受伤和财损事故的发生概率。支路上路段宽度的增加会导致财损事故的增加,但是这一变量的变化与受伤事故的发生没有直接的关联性。同时,主路的路面宽度不是两类事故发生的影响变量。对于交通特征变量来说,支路上 log AADT 和车辆限速的增加都会引起更多的受伤和财损事故。然而,随着主路上车辆限速的提高,两类事故的数量都有减少的趋势。

表 3.7　信号交叉口变量回归结果

事故类型	变量	MPLN 模型		MPLN-CAR 模型		MPLN-MCAR 模型	
		均值	95% 置信区间	均值	95% 置信区间	均值	95% 置信区间
受伤事故	截距	**0.924**	(0.704, 1.145)	**0.915**	(0.693, 1.139)	**0.918**	(0.701, 1.139)
	道路设计特征						
	类型	**0.928**	(0.725, 1.127)	**0.890**	(0.698, 1.081)	**0.914**	(0.724, 1.105)
	宽度—主路	**-0.201**	(-0.355, -0.011)	**-0.235**	(-0.425, -0.060)	-0.179	(-0.404, 0.020)
	宽度—支路	0.112	(-0.006, 0.348)	0.091	(-0.042, 0.220)	0.093	(-0.011, 0.335)
	PLMA	**0.951**	(0.745, 1.156)	**0.947**	(0.727, 1.146)	**0.957**	(0.753, 1.152)
	PLMI	**0.976**	(0.777, 1.173)	**0.963**	(0.771, 1.151)	**0.948**	(0.820, 0.998)
	交通特征						
	log AADT-主路	**0.262**	(0.065, 0.517)	**0.265**	(0.117, 0.436)	**0.273**	(0.063, 0.459)
	限速—主路	-0.092	(-0.375, 0.090)	-0.112	(-0.239, 0.001)	**-0.142**	(-0.308, -0.031)
	限速—支路	0.181	(-0.050, 0.494)	0.193	(-0.028, 0.419)	**0.213**	(0.015, 0.430)
	α	—	—	**0.654**	(0.26, 0.961)	**0.277**	(0.126, 0.488)
	事故异质关联性(ε)	**0.964**	(0.874, 0.996)	0.650	(-0.758, 1.000)	**0.995**	(0.970, 1.000)
财损事故	截距	**0.969**	(0.753, 1.188)	**0.967**	(0.706, 1.232)	**0.957**	(0.726, 1.184)
	道路设计特征						
	类型	**0.964**	(0.759, 1.149)	**0.951**	(0.743, 1.153)	**0.954**	(0.755, 1.152)
	宽度—主路	-0.202	(-0.420, 0.013)	**-0.286**	(-0.522, -0.039)	-0.167	(-0.443, 0.039)
	宽度—支路	**0.116**	(0.005, 0.398)	0.122	(-0.045, 0.417)	**0.095**	(0.001, 0.406)
	PLMA	**0.922**	(0.677, 1.162)	**0.933**	(0.711, 1.180)	**0.926**	(0.709, 1.164)
	PLMI	**0.918**	(0.716, 1.115)	**0.914**	(0.713, 1.105)	**0.919**	(0.734, 1.104)
	交通特征						
	log AADT-主路	**0.429**	(0.152, 0.854)	**0.502**	(0.269, 0.916)	**0.417**	(0.185, 0.712)
	限速—主路	-0.128	(-0.585, 0.100)	**-0.221**	(-0.872, -0.023)	**-0.170**	(-0.396, -0.095)
	限速—支路	0.213	(-0.037, 0.497)	0.273	(-0.021, 0.539)	**0.229**	(0.021, 0.512)
	α	—	—	**0.597**	(0.181, 0.957)	**0.292**	(0.146, 0.483)

注:详细的变量描述参见表 3.2;黑体表明对应变量在该模型的检测下具有显著性。

　　值得注意的是,表 3.6 和表 3.7 阐明,受伤和财损事故之间在路段和信号交叉口上都有着很强的异质关联性。这是由于通过 MPLN-MCAR 模型的检测,事故异质关联性 ε 这一变量在表 3.6 和表 3.7 中都具有显著性。同时,受伤事故和财损事故之间的 α 值不同,在路段和交叉口上,受伤事故的空间异质关联性与财损事故的空间异质关联性存在差异。

3.4　安全分析

　　以往的研究缺乏对信号协调控制干线安全效应的分析,尤其是涉及评估事故之间的异质关联性。本章使用 3 种事故频次评价模型对信号协调控制干线进行安全检测,包括多变量泊松对数正态模型(MPLN)、带有条件自回归(CAR)项的多变量泊松对数正态模型(MPLN-CAR)和带有多变量条件自回归(MCAR)项的多变量泊松对数正态模型(MPLN-MCAR)。

　　结果表明,对于路段和信号交叉口来说,MPLN-MCAR 模型优于 MPLN-CAR 和 MPLN 模型(表 3.4 和表 3.5)。对比 MCAR 项与 CAR 项的作用原理(3.2.2 节),说明在整个信号协调控制的干线上,受伤事故间的空间异质关联性与财损事故间的空间异质关联性存在差异。这一发现可被受伤事故和财损事故间具有明显差异的 α 值所验证(表 3.6 和表 3.7)。研究结果可以解释为:信号协调的“绿波带”产生了连续通行的车队,相较于较大的车头时距,车辆在车队中有着较小的车头时距更容易发生较严重的事故后果。相较于财损事故,受伤事故的发生与车队较小的车头时距紧密相关,事故类型的不同代表着车队车头时距的不同。然而车队车头时距的不同代表着局部车流不同的分布,进一步造成了不同事故间有差异性的空间关联性。为了避免受伤事故的发生,驾驶员在协调的干线上通行时需要保持足够的车头时距[164-165]。

　　事故异质关联性 ε 在表 3.6 和表 3.7 中均为显著的变量。这表明在路段和信号交叉口内,受伤和财损事故之间存在着较强的事故异质关联性。由于在信号协调的作用下,形成的稠密连续的车流将处于高度耦合的状态[7]。因此受伤事故的发生将会对财损事故的发生产生重要的影响(反之亦然),从而导致事故之间具有强烈的异质关联性。考虑这种紧密的相互作用,在进行信号协调控制干线微观层面的安全分析时,受伤事故和财损事故应该同时建模处理,并分别进行变量的显著性测试,从而保证安全评价结果的可靠性。

对于路段来说(表3.6),受伤和财损事故与车道数和路段长度这两个变量正显著相关。这与已有文献的研究结果保持一致[119,161,166]。以上发现有助于提出有效的安全改进措施,如在较长路段的入口处安装警示标牌。车辆限速的增加伴随着财损事故的减少,然而这一变量的变化与受伤事故的发生相互独立。一个可能的原因是:由于没有信号协调的作用,如果对路段施以较高的车辆限速,大量累积车辆的行驶速度会具有较大的差异性[71,163,167],容易引发严重程度较高的事故,促使财损事故转化为受伤事故。同时,信号协调控制干线存在事故之间的关联性,财损事故对受伤事故的异质性作用缓解了车辆限速对受伤事故的影响,造成受伤事故的发生与车辆限速的变化相互独立。经检测 log AADT 与受伤和财损事故不相关,这是由于较长路段的年平均日交通流量通过平均值的计算来获取,增加了回归过程中的误差[140]。此外,该现象也可能是因为选用的模型预测精度不够,仅融合了事故异质的相互作用,未能同时考量多重异质关联性(见第 6 章)。

对于信号交叉口来说(表3.7),主路上路面宽度的变化对受伤和财损事故的发生没有显著的影响。当信号协调在主路上运营的时候,车队将会连续地通过信号交叉口,从而降低了主路上车辆的"走走停停"现象[68,71,167]。从这个角度分析,信号协调的策略减少了信号交叉口严重程度较低事故的发生(如侧向刮擦事故和追尾事故等),然而这些事故的发生与主路入口处路面的宽度紧密相关[124]。与之相反的是,支路的路面宽度对财损事故有着正相关的影响。当信号协调在干线上实行时,较小比例的有效绿波时间将会分配给信号交叉口的支路,导致支路的入口处容易积聚更多的非协调车流[13]。支路的路面变宽将会增加排队车辆的行驶空间,从而促使速度较低的车辆在停车线前产生更多的换道和停车行为,大大增加了发生较低严重程度事故的可能性(如侧向刮擦事故)[168]。支路的路面宽度并不是造成受伤事故的影响指标。这可能是由于财损事故对受伤事故的异质关联性缓解了支路宽度变化对受伤事故发生的影响。主路的车辆限速与受伤和财损事故呈正相关作用,然而支路的车辆限速与这两类事故呈负相关作用。此发现与 Alarifi 等文献的结论保持一致[116,124]。这归因于车辆在较高限速的作用下容易追赶主路上已经形成的高速车队,从而有助于缓解减速、变换车道[70]和超车[109]等不安全的驾驶行为。同时,较低的车辆限速允许较少的车辆在同一时间单位内从支路进入信号交叉口区域,减少了支路和主路车辆的交通冲突[5,71]。由此可知,为了降低信号交叉口的事故风险,需要适当提高主路的车辆限速,同时降低支路的车辆限速。

3.5　本章小结

本章使用 MPLN 模型,还原了协调干线上的事故异质关联性。除此之外,为了校正回归的结果,CAR 和 MCAR 项分别加入 MPLN 模型中。研究表明:①MPLN-MCAR 模型的预测精度比 MPLN-CAR 和 MPLN 模型的高;②受伤和财损事故之间存在较强的异质关联性;③受伤事故间的空间异质关联性与财损事故间的空间异质关联性具有差异。这些发现有助于为信号协调控制干线的规划、设计、运营和管理提供有效的安全建议和措施。

此外,本章 CAR 项的使用为后续 4—6 章中(如 4.2.3—4.2.5 节,5.2.1 节以及 6.2.1 节)空间异质关联性的考量提供了借鉴。更重要的是,本章事故异质关联性的研究为构建(信号协调控制干线)多重异质关联性的安全评价模型奠定了基础(第 6 章)。

第4章 信号协调控制干线结构异质关联性安全分析

中观层面上,为了精确评估信号协调控制干线的结构异质关联性(见1.4.2节,图1.4),选用了第2章中的干线数据进行统计(4.1节),重新构建了联合负二项事故求和条件自回归(JNBCS-CAR)模型(4.2节),检验了安全指标的显著性(4.3节),具体分析了相应的交通安全效应(4.4和4.5节)。为了评价模型的拟合优度,验证安全分析的结果,本章将 JNBCS-CAR 模型与其他5种固有模型进行了对比,包括泊松对数正态(PLN)、负二项事故求和(NBCS)、泊松对数正态条件自回归(PLN-CAR)、负二项事故求和条件自回归(NBCS-CAR)和分层泊松对数正态条件自回归(HPLN-CAR)模型。

4.1 数据描述性统计

在表3.1的基础上,本章使用数据融合了全部事故类型的统计量,并增加了交通子区的变量描述,详见表4.1。

表 4.1　变量的描述性统计

点位	变量	均值	方差	最小值	最大值
路段	事故数据				
	事故数量	51.74	54.79	0	196
	道路设计特征				
	道路等级(在州际干线取 1,在城市或乡村干线取 0)	0.26	0.45	0	1
	车道数	4.92	0.82	2	7
	长度(英里)	1.07	0.79	0.06	3.24
	交通特征				
	AADT(车流量/d)	24 229.79	7 603.32	12 298	38 386
	车辆限速(英里/h)	36.72	4.39	30	45
交通子区	道路设计特征				
	长度(英里)	1.19	0.79	0.06	3.36
	交通特征				
	平均 AADT(车流量/d)	24 545.39	7 422.46	12 298	38 386
	平均车辆限速(英里/h)	36.98	4.43	30	45
信号交叉口	事故数据				
	事故数量	95.97	69.15	4	308
	道路设计特征				
	交叉口类型(十字形取 1,T 字形取 0)	0.68	0.47	0	1
	主路入口处的路面宽度(英尺)	67.13	22.60	36.02	135.37
	支路入口处的路面宽度(英尺)	42.16	14.50	21.19	76.87
	主路的入口均设有左转专用车道(PLMA)(是取 1,否取 0)	0.50	0.51	0	1
	支路的入口均设有左转专用车道(PLMI)(是取 1,否取 0)	0.68	0.47	0	1
	交通特征				
	主路的 AADT(车流量/d)	24 861	7 619.88	12 298	38 386
	主路的车辆限速(英里/h)	37.24	5.03	30	45
	支路的车辆限速(英里/h)	30.80	5.26	25	40

注:表 4.1 中交通子区的定义见 2.1 节;英文缩写的全称见 2.3—2.4 节。

4.2 统计学分析方法

本书使用了6类模型来评估协调控制的城市交通干线的安全水平,包括 PLN,NBCS,PLN-CAR,NBCS-CAR,HPLN-CAR 和 JNBCS-CAR。表 4.2 是对所用模型的总结。其中,PLN 模型是随机事故分析的基础,可以用来处理小样本数据[96](见 4.2.1 节);考虑数据不稳定性的影响,采用 NBCS 模型来预测所调查年份的事故总数(见 4.2.2 节);PLN-CAR 和 NBCS-CAR 模型处理路段(或信号交叉口)间的空间异质关联性(见 4.2.3 节);HPLN-CAR 模型将路段和信号交叉口同时构建在一个模型中(见 4.2.4 节);JNBCS-CAR 模型用来进一步检测路段和相邻信号交叉口间的结构异质关联性(见 4.2.5 节)。4.2.6 节介绍了 3 种模型拟合优度对比的方法,包括平均绝对偏差(MAD)、贝叶斯 R^2 以及偏差信息准则(DIC)。

表 4.2　安全评价模型总结

模型	PLN	NBCS	PLN-CAR	NBCS-CAR	HPLN-CAR	JNBCS-CAR
章节	4.2.1	4.2.2	4.2.3	4.2.3	4.2.4	4.2.5
作用	带有随机影响的事故分析的基础	处理数据不稳定性	研究空间异质关联性	考虑数据不稳定性和空间异质关联性	反映空间异质关联性,融合路段和信号交叉口	解决数据不稳定性、空间和结构异质关联性

4.2.1 泊松对数正态模型

PLN 模型的结构表述如下[74,77,79]:

$$y_i^k \sim \text{Possion}(\theta_i^k) \tag{4.1}$$

$$E(y_i^k) = \theta_i^k \tag{4.2}$$

其中,y_i^k 表示单元 $i(i=1,2,\cdots,\text{M})$ 和结构 $k(k=1,2,\cdots,\text{N})$ 上的事故统计量;
$\text{M}=38$;$\text{N}=2(k=1$ 为路段,$k=2$ 为信号交叉口);θ_i^k 是 y_i^k 的数学期望。

路段/信号交叉口事故统计量的概率服从以下分布:

$$\text{pr}(y_i^k) = \exp(-\theta_i^k)\frac{(\theta_i^k)^{y_i^k}}{(y_i^k)}! \tag{4.3}$$

泊松指标 θ_i^k 进一步满足对数正态分布的协变量函数,其具体形式如下:

$$\log(\theta_i^k) = \lambda_k + \boldsymbol{\beta}_k \boldsymbol{X}_i^k + \varepsilon_i^k \tag{4.4}$$

其中,λ_k 是关于结构 k 的常数;$\boldsymbol{\beta}_k$ 是待检测的回归向量;$\boldsymbol{X}_i^k$ 是解释变量组成的
向量;$\varepsilon_i^k \sim \text{Normal}(0,1/l_k)$ 是随机影响项;$l_k \sim \text{gamma}(0.01,0.01)$ 是控制随机影
响变化的先验指标。

4.2.2　负二项事故求和模型

考虑处理数据不稳定性的能力,将 PLN 模型进一步转换为 NBCS 模型[133]。
"单累积效应"代表 NBCS 模型中数据的扰动,从而避免事故统计量中"均值=
方差"这一较强的限制。NBCS 模型的表达式如下:

$$\log(\theta_i^k) = \lambda_k + \boldsymbol{\beta}_k \boldsymbol{X}_i^k + \rho_i^k \tag{4.5}$$

其中,ρ_i^k 是事件影响的干扰项;$\exp(\rho_i^k) \sim \text{gamma}(a^k,a^k)$;过度离散指标 $h^k =$
$1/a^k$;模型的详细推导过程和变量的详细阐述请参阅 Mothafer 等[133]以及 Zeng
和 Huang[169]的文献。

4.2.3　泊松对数正态和负二项事故求和条件自回归模型

将式(3.7)的 CAR 项 φ_i^k 加入式(4.4)和式(4.5)中,PLN-CAR 和 NBCS-
CAR 模型的表达式如下:

$$\log(\theta_i^k) = \lambda_k + \boldsymbol{\beta}_k \boldsymbol{X}_i^k + \varepsilon_i^k + \varphi_i^k \tag{4.6}$$

$$\log(\theta_i^k) = \lambda_k + \boldsymbol{\beta}_k \boldsymbol{X}_i^k + \rho_i^k + \varphi_i^k \tag{4.7}$$

4.2.4　分层泊松对数正态条件自回归模型

由于信号协调控制上紧密的空间结构,Zeng 和 Huang 确认了路段和信号交叉口之间存在着关联性[169]。HPLN-CAR 模型可以用来将路段和信号交叉口融合在同一个安全评价框架中。相较于 PLN-CAR 模型,HPLN-CAR 模型综合了交通子区的信息[116],具有更大的数据拟合优势。HPLN-CAR 模型的框架结构分为两层:交通子区层面(由路段和相邻的信号交叉口组成)和路段/信号交叉口层面。

HPLN-CAR 模型的形式如下:

$$\log(\theta_i^k) = \lambda_k + \boldsymbol{\beta_k} \boldsymbol{X_i^k} + \boldsymbol{\eta} \boldsymbol{Z_i} + \varepsilon_i^k + v_i + \varphi_i^k \tag{4.8}$$

其中,$\boldsymbol{Z_i}$ 是由交通子区的解释变量所组成的向量;$\boldsymbol{\eta}$ 是回归后所求的向量;$\varepsilon_i^k \sim$ Normal$(0,1/U_k)$代表路段/信号交叉口间的随机影响;$v_i \sim$ Normal$(0,1/V)$ 显示了交通子区间随机影响的变化;U_k 和 $V \sim$ gamma$(0.01,0.01)$是先验指标。

4.2.5　联合负二项事故求和条件自回归模型

在 HPLN-CAR 模型的构建过程中,路段和信号交叉口没有直接的影响,两者之间的作用关系并不明确。为了真实地考量路段和信号交叉口间的结构异质关联性,NBCS-CAR 可以拓展为联合模型(JNBCS-CAR 模型)的结构。受到 Li 和 Wang 文献的启发[109],JNBCS-CAR 模型通过以下两步完成构建:①鉴别交通子区内路段和信号交叉口的结构异质性;②考量交通子区间的空间异质关联性(依据 2.1 节的定义,交通子区拥有类似的地理结构特征,可以分析彼此之间的空间异质关联性)。

在交通子区内,首先考量路段和信号交叉口的结构异质关联性分别如下:

$$\log(\theta_i^1) = \lambda_1 + \boldsymbol{\beta_1} \boldsymbol{X_i^1} + \rho_i^1 + \delta_1 \mu_i^1 \tag{4.9}$$

$$\log(\theta_i^2) = \lambda_2 + \boldsymbol{\beta_2} \boldsymbol{X_i^2} + \rho_i^2 + \delta_2 \mu_i^1 + \delta_3 \mu_i^2 \tag{4.10}$$

其中，$H_1 = \delta_1 \mu_i^1$ 代表信号交叉口施加到路段上的异质关联性，$H_2 = (\delta_2 \mu_i^1 + \delta_3 \mu_i^2)$ 代表路段施加到信号交叉口上的异质关联性；μ_i^k 是独立的随机变量，服从 Normal$(0, 1/\tau_i^k)$。τ_i^k 是先验指标；$\delta_m (m = 1, 2, 3)$ 是待检测的系数。

将式(4.9)和式(4.10)合并为一个模型，并考量交通子区间的空间异质关联性。最终完善的 JNBCS-CAR 模型的表达式如下：

$$\log(\theta_i^k) = \lambda_k + \boldsymbol{\beta_k} \boldsymbol{X_i^k} + \rho_i^k + \psi_i + H_k \tag{4.11}$$

其中，ψ_i 是交通子区间的空间异质关联性，服从类似于式(3.7)中的分布。值得注意的是，ψ_i 中单元间的直线距离 $[t_{ir} = (d_{il}^1 + d_{il}^2)/2]$ 与式(3.6)中的直线距离 (d_{ir}^k) 不相等。H_k 是路段和相邻信号交叉口间的结构异质关联性。

在 JNBCS-CAR 模型中，联合概率分布函数 $y_i^k \mid (\beta_k, X_i^k, \delta_m)$ 满足以下公式[109]：

$$\mathrm{pr}(y_i^k \mid (\boldsymbol{\beta_k}, \boldsymbol{X_i^k}, \delta_m)) = \frac{\exp(\beta_1 X_i^1)^{y_i^1 - \delta_1 \mu_i^1}}{\exp(\exp(\beta_1 X_i^1))(y_i^1 - \delta_1 \mu_i^1)!}$$

$$\frac{\exp(\beta_2 X_i^2)^{y_i^2 - \delta_2 \mu_i^1 + \delta_3 \mu_i^2}}{\exp(\exp(\beta_2 X_i^2))(y_i^2 - \delta_2 \mu_i^1 + \delta_3 \mu_i^2)!}$$

$$\tag{4.12}$$

4.2.6 贝叶斯先验和模型对比

本章使用了 3 类对比模型适应性的方法，包括 MAD、贝叶斯 R^2 和 DIC。

1）平均绝对偏差，贝叶斯 R^2

选用两种经典模型对比的方法：MAD 和贝叶斯 R^2。对于结构 k 来说，表达式分别如下：

$$\mathrm{MAD}^k = \frac{1}{M} \sum_{i=1}^{M} |Y_i^k - \theta_i^k| \tag{4.13}$$

$$(\mathrm{R}^k)^2 = 1 - \left(\frac{\sum_{i=1}^{M} (Y_i^k - \theta_i^k)^2}{\sum_{i=1}^{M} (Y_i^k - \overline{Y_i^k})^2} \right) \tag{4.14}$$

其中，$\bar{Y}_i^*$ 是 Y_i^* 的均值。模型中 MAD 值越低，R^2 值越高，证明模型拟合优度越好。

2）偏差信息准则

本章选用 DIC 进一步处理模型对比，具体公式见 3.2.4 节式（3.10）。总体上来说，DIC 值越小，代表对应模型的适应性越好。当两个模型的 DIC 差值大于 10 时，证明 DIC 值小的模型拥有明显好的拟合度；当两个模型的 DIC 插值小于 10 大于 5 时，证明 DIC 值小的模型的适应性优势不显著；当两个模型的 DIC 插值小于 5 时，证明两个模型的拟合优度差别不太明显[160]。

4.3　安全评价结果

WinBUGS 1.4.3 软件用来检测模型回归分析中的参数指标值。为了确保仿真过程的有效性，设定总循环次数为 20 000，初始迭代次数为 5 000[109]。

4.3.1　模型拟合优度分析

表 4.3 显示了模型的适应性结果，总结为以下 5 点：①HPLN-CAR，PLN-CAR 和 PLN 模型之间的对比：对于路段和信号交叉口来说，模型评价准则（DIC/MAD/R^2）的检测值基本上变化不大，上述模型在拟合优度方面没有显著的差异。②相关于 NBCS 的模型与相关于 PLN 的模型的对比：在整个干线上，NBCS 相关模型（即 NBCS，NBCS-CAR 和 JNBCS-CAR 模型）的适应性表现优于 PLN 相关模型（即 PLN-CAR 和 HPLN-CAR 模型），前一类模型的 DIC 值相对较低，然而模型中 MAD/R^2 评价标准的检测结果却与上述的结论不一致。③NBCS-CAR 和 NBCS 模型的对比：对于路段来说，由于两个模型 DIC 的差值小于 10（分别为 235.460 和 238.029），因此模型间的差异性不显著；对于信号交叉口来说，NBCS-CAR 模型的 DIC 值小于 NBCS 模型的 DIC 值（依次为 267.769

和 302.206），证明 NBCS-CAR 模型具有更好的优越性；对于路段和信号交叉口来说，NBCS-CAR 模型相较于 NBCS 模型来说有着较高的 MAD 值和较低的 R^2 值。④JNBCS-CAR 和 NBCS-CAR 模型的对比：对于路段来说，JNBCS-CAR 模型比 NBCS-CAR 模型更优，因为 JNBCS-CAR 模型有较低的 DIC 值和 MAD 值以及较高的 R^2 值（JNBCS-CAR 和 NBCS-CAR 模型中的 DIC 值分别为 213.916 和 235.460）；对于信号交叉口来说，JNBCS-CAR 模型的 DIC 值比 NBCS-CAR 模型的略小（依次为 261.390 和 267.769），同时，JNBCS-CAR 模型的 MAD 值比 NBCS-CAR 模型的略小，R^2 值比 NBCS-CAR 的略大，这意味着两个模型的预测能力差异性不显著[160]。⑤JNBCS-CAR 模型与其他模型的对比：依据上述研究的结果②③④，JNBCS-CAR 模型的拟合优度相对高于其他模型。

依据表4.3拟合程度的对比结果，本书后续的安全评价内容将依据较优的模型展开（JNBCS-CAR 和 NBCS-CAR 模型）。

表 4.3　模型适应性对比

点位	准则	PLN	PLN-CAR	HPLN-CAR	NBCS	NBCS-CAR	JNBCS-CAR
路段	MAD	4.748	4.712	4.731	4.800	9.370	4.818
	R^2	0.982	0.982	0.982	0.982	0.908	0.982
	DIC	248.090	245.947	246.681	238.029	235.460	213.916
信号交叉口	MAD	7.381	7.460	7.321	7.339	7.741	7.514
	R^2	0.979	0.979	0.979	0.979	0.976	0.978
	DIC	309.213	309.762	308.423	302.206	267.769	261.390

4.3.2　变量检测

表4.4和表4.5总结了关于路段的变量回归结果。在 JNBCS-CAR 和 NBCS-CAR 模型中，路段越长越容易发生事故。车道数和车辆限速在 JNBCS-

CAR 模型中是事故发生的不显著变量,然而在 NBCS-CAR 模型中,车道数的增加和车辆限速的降低有助于提高路段上的安全效应。log AADT 在两个模型中都是事故频次的不显著变量。

表 4.4 和表 4.5 也总结了信号交叉口的变量回归结果。观察可知,在 JNBCS-CAR 和 NBCS-CAR 模型中,一些道路设计特征变量都是事故的显著影响因素,包括主路的路面宽度和支路的路面宽度。与支路相反的是,主路的路面宽度与事故呈负显著相关关系。相较于 T 字形交叉口,十字形交叉口增加了入口数量,增加了事故发生的隐患。此外,主路和支路的入口均设有左转专用车道(PLMA 和 PLMI),将会提高事故发生的概率。对于交通特征来说,主路上较大的 log AADT 和较低的车辆限速都会导致更多事故的发生。

表 4.4 相关于 PLN 模型的变量回归结果

点位	变量	PLN 模型		PLN-CAR 模型		HPLN-CAR 模型	
		均值(方差)	95% 置信区间	均值(方差)	95% 置信区间	均值(方差)	95% 置信区间
路段	截距	**0.999**(0.083)	(0.843,1.167)	**1.000**(0.083)	(0.841,1.162)	**0.997**(0.081)	(0.839,1.159)
	道路设计特征						
	道路等级	−1.188(0.785)	(−2.900,0.068)	0.239(0.939)	(−1.277,2.156)	0.350(0.833)	(−0.985,2.245)
	车道数	**−0.838**(0.140)	(−1.081,−0.549)	0.042(0.268)	(−0.424,0.516)	0.134(0.358)	(−0.368,0.821)
	长度	**0.403**(0.231)	(0.007,0.926)	**0.925**(0.342)	(0.280,1.610)	**1.482**(0.293)	(0.818,1.956)
	交通特征						
	AADT	0.042(0.176)	(−0.279,0.324)	−0.274(0.132)	(−0.467,0.003)	−0.575(0.140)	(−0.835,−0.362)
	车辆限速	**0.315**(0.127)	(0.125,0.574)	**0.221**(0.072)	(0.075,0.327)	**0.139**(0.062)	(0.031,0.243)

续表

点位	变量	PLN 模型		PLN-CAR 模型		HPLN-CAR 模型	
		均值 （方差）	95% 置信区间	均值 （方差）	95% 置信区间	均值 （方差）	95% 置信区间
交通 子区	道路设计特征						
	长度	—	—	—	—	**0.866** (0.073)	(0.724,1.014)
	交通特征						
	平均 AADT	—	—	—	—	**0.423** (0.079)	(0.254,0.559)
	平均车辆 限速	—	—	—	—	−0.113 (0.069)	(−0.205,0.056)
有信 号交 叉口	截距	0.908 (0.355)	(−0.021,1.465)	**0.933** (0.082)	(0.774,1.097)	**0.988** (0.082)	(0.827,1.148)
	道路设计特征						
	交叉口 类型	**0.798** (0.200)	(0.403,1.194)	**0.904** (0.081)	(0.740,1.058)	**0.971** (0.083)	(0.806,1.130)
	主路入口处 的路面宽度	0.016 (0.018)	(−0.017,0.050)	**−0.079** (0.016)	(−0.112,−0.047)	−0.008 (0.096)	(−0.124,0.181)
	支路入口处 的路面宽度	**0.062** (0.034)	(0.008,0.135)			**0.237** (0.071)	(0.132,0.368)
	PLMA	0.129 (0.194)	(−0.231,0.524)	**0.888** (0.081)	(0.730,1.046)	**0.963** (0.081)	(0.807,1.128)
	PLMI	**0.569** (0.182)	(0.210,0.927)	**0.932** (0.081)	(0.775,1.093)	**0.975** (0.083)	(0.814,1.141)
	交通特征						
	主路的 AADT	**0.097** (0.038)	(0.022,0.170)	**0.112** (0.027)	(0.051,0.161)	**0.459** (0.087)	(0.287,0.610)
	主路的 车辆限速	0.023 (0.030)	(−0.039,0.074)	**−0.103** (0.047)	(−0.202,−0.010)	**0.575** (0.124)	(0.304,0.730)
	支路的 车辆限速	−0.003 (0.038)	(−0.082,0.065)	0.023 (0.065)	(−0.082,0.146)	**0.505** (0.190)	(0.099,0.731)

注:详细的变量描述参见表 4.1;黑体表明对应变量在该模型的检测下具有显著性。

表 4.5　相关于 NBCS 模型的变量回归结果

点位	变量	NBCS 模型		NBCS-CAR 模型		JNBCS-CAR 模型	
		均值（方差）	95% 置信区间	均值（方差）	95% 置信区间	均值（方差）	95% 置信区间
路段	截距	**0.999**(0.078)	(0.848,1.153)	**0.997**(0.085)	(0.832,1.167)	**1.001**(0.093)	(0.819,1.184)
	道路设计特征						
	道路等级	−0.292(0.437)	(−1.047,0.627)	0.009(1.072)	(−2.142,1.943)	−0.793(0.425)	(−1.611,0.029)
	车道数	−0.300(0.204)	(−0.661,0.036)	**−0.567**(0.171)	(−0.907,−0.308)	0.076(0.239)	(−0.356,0.502)
	长度	0.160(0.113)	(−0.048,0.408)	**0.577**(0.221)	(0.138,1.074)	**0.527**(0.138)	(0.241,0.770)
	交通特征						
	AADT	**0.290**(0.129)	(0.070,0.481)	0.015(0.082)	(−0.128,0.166)	0.039(0.110)	(−0.144,0.240)
	车辆限速	0.077(0.071)	(−0.084,0.180)	**0.250**(0.024)	(0.201,0.290)	0.060(0.067)	(−0.077,0.169)
有信号交叉口	截距	**0.926**(0.082)	(0.769,1.088)	**0.932**(0.106)	(0.724,1.144)	**0.938**(0.097)	(0.747,1.123)
	道路设计特征						
	交叉口类型	**0.926**(0.078)	(0.776,1.081)	**0.901**(0.076)	(0.753,1.051)	**0.916**(0.078)	(0.762,1.070)
	主路入口处的路面宽度	−0.025(0.020)	(−0.061,0.021)	**−0.046**(0.023)	(−0.093,−0.003)	**−0.068**(0.017)	(−0.101,−0.031)
	支路入口处的路面宽度	**0.076**(0.039)	(0.007,0.147)	**0.088**(0.026)	(0.038,0.132)	**0.101**(0.034)	(0.041,0.171)
	PLMA	**0.849**(0.081)	(0.691,1.008)	**0.890**(0.079)	(0.738,1.048)	**0.911**(0.084)	(0.748,1.079)
	PLMI	**0.908**(0.079)	(0.750,1.061)	**0.934**(0.081)	(0.775,1.093)	**0.940**(0.081)	(0.782,1.098)
	交通特征						
	主路的AADT	**0.273**(0.046)	(0.181,0.363)	**0.292**(0.077)	(0.178,0.471)	**0.318**(0.059)	(0.222,0.459)
	主路的车辆限速	−0.050(0.030)	(−0.109,0.008)	**−0.112**(0.036)	(−0.176,−0.040)	**−0.085**(0.032)	(−0.162,−0.032)
	支路的车辆限速	−0.008(0.041)	(−0.096,0.072)	0.050(0.046)	(−0.069,0.109)	0.017(0.031)	(−0.053,0.085)

注：详细的变量描述参见表 4.1；黑体表明对应变量在该模型的检测下具有显著性。

4.4　安全分析

　　结果显示,联合负二项事故求和条件自回归(JNBCS-CAR)模型比其他 5 个模型的适应性好,包括泊松对数正态(PLN)、负二项事故求和(NBCS)、泊松对数正态条件自回归(PLN-CAR)、负二项事故求和条件自回归(NBCS-CAR)和分层泊松对数正态条件自回归(HPLN-CAR)模型(表 4.3)。相较于其他模型,JNBCS-CAR 在分析数据不稳定性和空间异质关联性的基础上,进一步考量了结构异质关联性,实现了信号协调控制干线的综合评估,提高了预测结果的精确性。同时,PLN,PLN-CAR 和 HPLN-CAR 模型之间的拟合优度差异不明显,而NBCS 和 NBCS-CAR 模型比上述 3 个模型的拟合程度高(表 4.3)。这个现象是PLN,PLN-CAR 和 HPLN-CAR 模型没有分析事故内隐含的数据不稳定性,最终引起了评估结果的偏差[77,120,133];与之相反的是,NBCS 和 NBCS-CAR 模型考量了数据不稳定性,确保了回归结果的有效性。模型的贝叶斯先验中,MAD 和 R^2 的评估结果有时候与 DIC 的评估结果不一致。相较于评判准则 DIC,MAD 和 R^2 在模型的拟合过程中没有考虑模型的复杂程度(表 1.2),造成预测精度不高[169]。

　　研究表明,对于信号交叉口来说,JNBCS-CAR 和 NBCS-CAR 模型之间没有显著的统计学意义上的差别(表 4.3)。相较于 NBCS-CAR 模型,JNBCS-CAR 模型考量了结构异质关联性,上述研究结果进一步说明了路段对信号交叉口的异质关联性比较弱,这是由于信号协调控制在干线上的运营缓解了结构异质效应。具体来说,即使有大量的车辆从路段汇入信号交叉口,信号协调都会提供"绿波带",促使车辆在交叉口上形成连续的车队[8],从而缓解路段车流对交叉口车流的影响,降低了路段事故对交叉口事故的作用。然而,对于路段来说,JNBCS-CAR 比 NBCS-CAR 具有更好的模型预测能力(表 4.3),说明信号交叉口对路段的结构异质关联性比较强。这是密集而高速的车队会从信号交叉口向路段迁移,从而导致信号交叉口上的车辆行驶对路段的影响比较大,增强了交叉口事故对路段事故的联系[68]。没有信号协调的作用,聚合的车辆将会在路段上产生更多的不安全驾驶行为,如变换车道和减速[70]。可以在路段上游装设警告标牌(如"信号协调控制正在进行中"),用以改善交通安全。同时,由于信号交叉口对路段强烈的结构异质关联性作用,因此干线上的这两类点位不应该被看成孤立的单元。为了加强设计、信号控制和管理,信号协调的操作需要一些改进的措施,如将信号系统划分为子控制区域[170]。

另一个有趣的发现是,在信号交叉口上 NBCS-CAR 模型比 NBCS 模型的拟合程度更高。然而对于路段来说,这两个模型的预测能力没有显著的差异(表4.3)。这表明协调的交叉口之间有着较强的空间异质关联性,而这一现象在路段之间却不显著。可能的原因是,信号协调在某种程度上将连续的信号交叉口融合成一个整体[28,30,171],最终加强了交叉口之间的联系,构建了较强的空间异质关联性。没有信号协调的作用,路段之间的空间关联性被相邻的信号交叉口所打断,最终导致了它们之间较弱的空间作用。

对于路段来说,在 JNBCS-CAR 模型中,车道数和车辆限速关于事故是不显著的变量(表4.5)。由于信号交叉口对路段较强的结构异质关联性,高速行驶的车辆在路段上大量聚集。在这种混杂的交通流情形下,上述两个变量的设置更改甚至对事故的发生不产生影响[172-174]。由于累积的交通流量可能会使交通运营复杂化,因此驾驶员在沿路段行驶时,应更加小心前方和相邻的车辆。此外,需要在路段上采取有效的安全措施,如安装驱动的预警系统[175]。log AADT 关于事故的频次不是显著的变量。这是由于对于较长的路段来说,log AADT 采用平均值来获取,这大大增加了回归结果的偏差[140]。同时,除了上述解释的原因外,也可能是本章的模型未能同时考量多重异质关联性(见本书第6章),从而影响了变量结果的检测。

分析信号交叉口在 JNBCS-CAR 模型的回归结果(表4.5),主路的路面宽度与事故频次的计数呈负相关作用。因为信号协调控制作用在交叉口的主路上,因此足够的路面宽度为驾驶员提供了足够的视距、为大量在信号交叉口通行的车辆提供了充足的时间和空间,减少了如追尾等碰撞的发生[68,176]。相反地,对于支路来说,足够的路面宽度将允许更多的车辆在相同的单位时间内进入交叉口内部,这可能导致支路的车流和主路上的高速车流产生更多的交通冲突[7,68]。主路上车辆限速的提高会减少事故的发生,这归因于较高的车辆限速提供了足够的通行能力,允许车辆从路段进入交叉口时进行加速,追赶上已经形成的车队,这减少了单位空间内车辆的聚集,降低了事故发生的概率[7]。根据以上结论,为了缓解信号交叉口上的事故风险,应该在一定程度上提高主路上的车辆限速。

4.5　本章小结

本章旨在应用 JNBCS-CAR 模型精确地评估结构异质关联性,此外 JNBCS-CAR 模型的拟合优度与其他 5 种固有的模型进行了对比。研究结果表明:①JNBCS-CAR 模型比固有模型的适应性好;②信号交叉口对路段有显著的结构异质关联性,而路段对信号交叉口的结构异质关联性并不明显;③信号交叉口间的空间异质关联性比较强,而路段之间这一现象并不显著。本章的结论有助于从安全角度对信号协调控制干线进行评估。

除此之外,本章验证了空间异质关联性的存在性,应用联合模型分析结构异质关联性的方法为第 6 章构建多维度多重异质的(信号协调控制干线)事故频次模型奠定了基础。

第5章 信号协调控制干线时空异质关联性安全分析

宏观层面,在考量时间因素对事故影响的基础上,本章主要研究信号协调控制干线的时空异质关联性(见1.4.2节,图1.5)。使用选取的协调干线数据(5.1节),在泊松对数正态(PLN)模型的基础上分析3种类型的时空异质关联性,包括固定空间和线性时间变化、固定空间和线性/二次时间变化以及时空交互变化(5.2.1节)。为了比较模型的预测效应,5.2.2节描述了4类准则,包括经典评价准则[平均绝对偏差(MAD)、平均平方预测误差(MSPE)、贝叶斯(R^2)],流行评价准则[偏差信息准则(DIC)],新兴评价准则[对数拟边际概率(LPML)]以及验证准则[点位一致性检测(SCT)和方法一致性检测(MCT)]。5.3节介绍了模型的评估结果。为了提高信号协调控制干线的安全效应,5.4节进行了安全分析,提出了有效的安全建议。

5.1 数据处理与描述性统计

随着数据收集的逐步完整,在表4.1的基础上,添加了新的路段和交叉口变量。本章路段和信号交叉口变量的描述性统计见表5.1。

表 5.1　变量的描述性统计

点位	变量	均值	方差	最小值	最大值
路段	事故数据				
	事故数量	51.74	54.79	0	196
	道路设计特征				
	车道数	4.92	0.82	2	7
	路段长度(英里)	1.07	0.79	0.06	3.24
	中间开口宽度(英尺)	13.28	19.13	0	60.45
	道路等级 (在主干线上取 1,在次干线上取 0)	0.26	0.45	0	1.00
	车道密度(车道数/英里)	13.41	20.78	1.55	87.72
	中间开口密度(中间开口数/英里)	2.39	5.40	0	23.76
	交通特征				
	车辆限速(英里/h)	36.71	4.39	30	45
	AADT(车流量/d)	24 229.79	7 603.32	12 298	38 386
信号交叉口	事故数据				
	事故数量	95.97	69.15	4	308
	道路设计特征				
	NETMA:主路的直行专用车道数目	2.74	0.89	2	5
	NETMI:支路的直行专用车道数目	0.71	1.23	0	4
	RWMA:主路入口处的路面宽度(英尺)	67.12	22.62	36.03	135.38
	RWMI:支路入口处的路面宽度(英尺)	42.15	14.49	21.18	76.87
	PLMA:主路的入口均设有左转专用 车道(是取 1,否取 0)	0.50	0.51	0	1
	PRMA:主路的入口均设有右转专用 车道(是取 1,否取 0)	0.68	0.47	0	1
	PLMI:支路的入口均设有左转专用车 道(是取 1,否取 0)	0.61	0.50	0	1

续表

点位	变量	均值	方差	最小值	最大值
信号交叉口	PRMI:支路的入口均设有右转专用车道(是取1,否取0)	0.84	0.37	0	1
	交叉口类型(十字形取1,T字形取0)	0.68	0.47	0	1
	交叉口大小(所有入口的车道数大于等于19取1,其他取0)	0.26	0.45	0	1
	PMMA:主路有中央隔离带(是取1,否取0)	0.39	0.50	0	1
	PMMI:支路有中央隔离带(是取1,否取0)	0.32	0.47	0	1
	交通特征				
	PSMA:主路的车辆限速(英里/h)	37.24	5.03	30	45
	PSMI:支路的车辆限速(英里/h)	30.79	5.27	25	40
	ASD:主路和支路车辆限速差的绝对值(英里/h)	6.84	5.38	0	20
	主路的AADT(车流量/d)	24 861	7 619.88	12 298	38 386

注:斜体变量为路段/信号交叉口经过相关性分析后过滤掉的变量;英文缩写的全称见 2.3—2.4 节。

表5.1 中路段(或信号交叉口)的变量之间有潜在的多重共线性,可能会影响回归分析的检测结果[124]。为了处理这一问题,本章使用 Pearson 和 Spearman 的方法进行变量的相关性分析[124]。如果两个变量的相关性系数大于0.6,那么只有一个更重要的变量可以保留下来[124,177]。例如,中间开口密度与中间开口宽度(Pearson 系数等于0.924)和车道密度(Spearman 系数等于0.957)在99%的置信区间上高度相关,中间开口密度这一变量将被过滤掉。此外,PLMA 与 PRMA 在99%的置信区间上高度相关(Pearson 系数等于0.679),由于 PRMA 在反映信号交叉口道路设计特征方面的意义较小,因此被过滤掉。经过相关性分析,过滤后的变量见表5.1 中斜体形式。

5.2　统计学分析方法

5.2.1　模型构建

PLN 模型是本章统计学分析方法部分的基础。通过对 4.2.1 节的模型进行时间维度的划分,进一步融合时间因素对安全评价结果的影响,PLN 模型满足公式如下:

$$Y_{it}^k \,|\, \theta_{it}^k \backsim \mathrm{Possion}(\theta_{it}^k) \qquad (5.1)$$

$$\mathrm{E}(Y_{it}^k) = \theta_{it}^k \qquad (5.2)$$

$$\log(\theta_{it}^k) = \lambda^k + \boldsymbol{\beta}^k \boldsymbol{X}_i^k + D_i^k + \varepsilon_i^k \qquad (5.3)$$

其中,Y_{it}^k 是点位 $i(i=1,2,\cdots,\mathrm{M};\mathrm{M}$ 是点位的总数),结构 $k(k=1$ 为路段,$k=2$ 为信号交叉口)和年份 $t(t=1,2,\cdots,\mathrm{T};\mathrm{T}$ 是总年份数)的事故频次;θ_{it}^k 是泊松指标,代表着事故的期望值;D_i^k 是二分变量,当 $k=1$ 时等于路段的长度,当 $k=2$ 时等于 0。其他变量的具体描述参见 4.2.1 节。

为了考量时间和空间异质关联性之间的联系,PLN 模型进一步被修正为以下 3 种形式:伴随固定空间和线性时间变化的 PLN 模型(模型 1)、伴随固定空间和线性/二次时间变化的 PLN 模型(模型 2)和伴随时空交互变化的 PLN 模型(模型 3)。表 5.2 总结了本章所使用的 3 个模型,并分别描述了各自对应考量的时空异质关联性。

表 5.2　安全评价模型总结

模型	1	2	3
章节	5.2.1	5.2.1	5.2.1
作用	考量固定空间和线性时间变化的时空异质关联性	处理固定空间和线性/二次时间变化的时空异质关联性	研究时空交互变化的时空异质关联性

1）伴随固定空间和线性时间变化的泊松对数正态模型（模型1）

模型1公式的表达式如下：

$$\log(\theta_{it}^k) = \lambda^k + \boldsymbol{\beta^k X_i^k} + D_i^k + \varepsilon_i^k + \varphi_i^k + (\xi^k + \delta_i^k) * t \tag{5.4}$$

其中，φ_i^k 为式（3.7）中的 CAR 项，反映空间异质关联性；t 为线性时间趋势；ξ^k 为所有点位 i 和所有结构 k 的平均时间变化；δ_i^k 服从和 φ_i^k 一样的分布。

值得注意的是，线性时间 t 实际上与空间变化 δ_i^k 和 φ_i^k 在模型1中不相关，因为它们各自的变化对彼此都没有影响[136,178-179]。

2）伴随固定空间和线性/二次时间变化的泊松对数正态模型（模型2）

本章引出的线性/二次时间变化的项如下：

$$\log(\theta_{it}^k) = \lambda^k + \boldsymbol{\beta^k X_i^k} + D_i^k + \varepsilon_i^k + \varphi_i^k + (\xi^k + \delta_i^k) * t + \gamma^k * t^2 \tag{5.5}$$

模型2中，$(\xi^k + \delta_i^k) * t + \gamma^k * t^2$ 代表着与时间移动相关的项。$\gamma^k * t^2$ 被定义为二次时间干扰，其中 γ^k 是相关于二次时间 t^2 的系数。时间和空间趋势在模型2中没有联系，因为 t 和 t^2 与 φ_i^k 和 δ_i^k 之间相互独立[135-136]。

3）伴随时空交互变化的泊松对数正态模型（模型3）

为了真正构建时间和空间异质关联性之间的相互作用，建立模型3如下：

$$\log(\theta_{it}^k) = \lambda^k + \boldsymbol{\beta^k X_i^k} + D_i^k + \varepsilon_i^k + \varphi_{it}^k \tag{5.6}$$

其中，φ_{it}^k 代表着时空异质关联性[153]。具体来说，$\varphi_{it}^k \sim \mathrm{MN}^t(0, \sum_k)$ 是 φ_i^k 融合了时间 t 变化的多变量模式。$\sum_k$ 是方差 - 协方差的矩阵，呈现如下：

$$\sum_k^{-1} \sim \text{Wishart}(\widetilde{\boldsymbol{R}}^k, \widetilde{n}) \tag{5.7}$$

式(5.7)中，$\sum_k^{-1}$ 是 $\sum_k$ 的逆矩阵；$\widetilde{\boldsymbol{R}}^k$ 是 Aguero-Valverde 和 Jovanis 定义的正定矩阵[178]；$\widetilde{n}$ 是自由度。

5.2.2　贝叶斯先验和模型对比

为了对比模型之间的拟合优度，本章使用了如下 4 大类的统计学评价准则。

1）经典评价准则（平均绝对偏差，平均平方预测误差，贝叶斯 R^2）

3 种经典的评价准则（MAD，MSPE 和 R^2）用来对比模型的预测能力[141,169,180]。关于结构 k，MSPE 的公式如下：

$$\text{MSPE}^k = \frac{1}{\text{MT}} \sum_{i=1}^{M} \sum_{t=1}^{T} (Y_{it}^k - \theta_{it}^k)^2 \tag{5.8}$$

MAD 和 R^2 的计算公式见 4.2.6 节的描述［式(4.13)和式(4.14)］。

2）流行评价准则（偏差信息准则）

DIC 是一种比较通用的模型比较方法，其具体的公式和描述见 3.2.4 节和 4.2.6 节。

3）新兴评价准则（对数拟边际概率）

对非参数或高度参数化的模型，MAD，MSPE，贝叶斯 R^2 和 DIC 的检测在回归过程中可能是无效的[153]。一种可代替的方法是 LPML[153,181]。模型中有较高的 LPML 值，呈现着较好的数据拟合优度。

对于结构 k 来说，LPML 满足以下公式：

$$\text{LPML}^k = \log \prod_{i=1}^{M} CPO_i^k \tag{5.9}$$

其中，CPO_i^k 为条件预测指标，计算如下：

$$CPO_i^k = \left(\frac{1}{T} \sum_{t=1}^{T} \frac{1}{f\left(\sum_{t=1}^{T} Y_{it}^k \mid \beta_{(t)}^k \right)} \right)^{-1} \tag{5.10}$$

式中,$f(\,\cdot\mid\cdot\,)$ 是条件预测分布。

4)验证准则(点位一致性检测和方法一致性检测)

SCT 可以识别高风险的点位[180],表达式如下:

$$\mathrm{SCT}_{\alpha,r}^k = \sum_{s=\mathrm{M-M}\alpha}^{\mathrm{M}} \sum_{T_2} \theta_{s,\mathrm{Method}=\mathrm{moder},T_2}^k \tag{5.11}$$

其中,α 是待识别的风险点位的阈值;s 是按照风险高低重新排序后的点位;r 是模型的类型($r=1$ 代表模型 1,$r=2$ 代表模型 2,$r=3$ 代表模型 3);T_2 是相关于 T_1 时间段的后续区分时间($T_2+T_1=T$)。

MCT 可以用来验证模型结果的有效性。MCT 的值越高,检测结果在选择的两个时间段内越一致(T_1 和 T_2),模型仿真的预测稳定性越强[182]。MCT_r^k 满足的方程如下:

$$\mathrm{MCT}_r^k = \{s_{\mathrm{M-M}\alpha}^k, s_{\mathrm{M-M}\alpha+1}^k, \cdots, s_{\mathrm{M}}^k\}_{r,T_1} \cap \{s_{\mathrm{M-M}\alpha}^k, s_{\mathrm{M-M}\alpha+1}^k, \cdots, s_{\mathrm{M}}^k\}_{r,T_2} \tag{5.12}$$

对于结构 k、模型 r 和阈值 α 来说,定义 CP 和 TP 是在时间段 T_1 和 T_2 内分别识别出的高风险点位数,那么敏感性(Sensitivity)服从以下公式:

$$\mathrm{Sensitivity} = \frac{CP}{TP} \tag{5.13}$$

类似地,特异性(Specificity)计算如下:

$$\mathrm{Specificity} = \frac{CN}{TN} \tag{5.14}$$

其中,CN 和 TN 为在时间段 T_1 和 T_2 内分别识别出的安全点位数。

5.3 安全评价结果

本书用 WinBUGS 1.4.3 软件仿真模型 1—3[183]。由于本章模型增加了时间维度的循环层数(相较于第 3—4 章),因此总的迭代次数设定为 30 000,包括 10 000 次的初始循环,与 Cheng 等文献中时空模型设定的一样[153]。

5.3.1　模型拟合优度分析

表 5.3 罗列了所有模型的评价结果。对于路段来说,模型 3 相较于模型 1—2 有着较高的 LPML 值(模型 3 中为-45.690,模型 1 和 2 中分别为-46.630 和-46.340),有较好的模型拟合优度。模型 3 中 MAD,MSPE 和 DIC 值较低,而 R^2 值较高,这都可以验证上述拟合优度的结果。对于信号交叉口来说,模型 1 比模型 2—3 更优。因为对比于模型 2(-65.330)和模型 3(-76.440),模型 1 有较大的 LPML 值(-64.960)。然而在信号交叉口上,其他准则的检测(MAD, MSPE,DIC 和 R^2)却证明模型 2 比模型 1 适应性更强。这是因为相较于 LPML, 当回归模型的变量总数较多、模型随机效应项比较复杂时,MAD,MSPE,DIC 和 R^2 的检测结果会出现偏差[169,181](表 1.2)。

表 5.3　模型适应性对比

点位	准则	模型 1	模型 2	模型 3
路段	MAD	1.832	1.822	**1.805**
	MSPE	8.15	8.094	**8.053**
	R^2	0.824	0.825	**0.826**
	DIC	1 315.540	1 313.700	**1 312.510**
	LPML	-46.630	-46.340	**-45.690**
信号交叉口	MAD	2.692	**2.669**	3.130
	MSPE	13.540	**12.990**	19.410
	R^2	0.822	**0.829**	0.744
	DIC	1 803.680	**1 794.970**	1 933.420
	LPML	**-64.960**	-65.330	-76.440

注:黑体值对应的模型在该评价准则的检测中表现最优。

在信号交叉口上,为了进一步验证模型 1 和 2 的适应性结果,本书使用了
MCT 和 SCT 的方法。如图 5.1 所示描绘了 MCT 敏感性和特异性值的变化。对
于所有百分比的鉴别点位,敏感性和特异性的值都保持相同,证明模型 1—2 之
间的差异性不显著。这是由于在有限时间段 T_1 和 T_2 内,MCT 不能真实反映复
杂时空模型的演化趋势(表 1.2)。表 5.4 总结了 SCT 的结果值。对每个选择
的阈值(前 5% ~20%),模型 1 中的 SCT 值均高于模型 2。模型 1 比模型 2 具
有更好的预测稳定性。这一结论与信号交叉口 LPML 的检测结果保持一致。

依据模型拟合优度的评价结果,在 5.3.2 节的变量检测和 5.4 节的安全分
析中,路段将依据模型 3,而信号交叉口将依据模型 1。

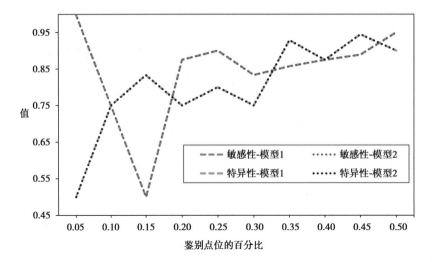

图 5.1　信号交叉口真实危险点位的敏感性和特异性(后续时间段T_2 内)

表 5.4　累积的 SCT 结果

点位	选取比例	模型 1	模型 2
	前 5%	**1 874.416**	1 864.000
	前 10%	**1 665.306**	1 656.010
信号交叉口	前 15%	**1 495.606**	1 487.330
	前 20%	**1 262.376**	1 255.520

注:黑体值对应的模型在该选取比例的检测中表现最优。

5.3.2　变量检测

表 5.5 展示了路段上变量回归系数的统计。依据模型 3,以下变量的变化都与事故的发生呈正相关作用,包括中间开口宽度、车道密度、车辆限速和 log AADT。道路等级的提高(主干线的增多)也会造成事故数量的增加。表 5.5 中还罗列了信号交叉口的变量回归结果。依据模型 1,支路的直行专用车道数目(NETMI)的增加、十字形交叉口和主路上的 log AADT 的变多会显著提高事故发生的数量。交叉口主路/支路的两个入口均设有左转/右转专用车道(PLMA,PLMI,PMMA 和 PMMI)会增加事故发生的隐患。依据 95% 的置信区间,主路的直行专用车道数目(NETMA)对事故数量的变化是一个不显著的变量。主路和支路车辆限速差的绝对值(ASD)的增加将会减少事故的发生。

表 5.5　信号协调干线变量回归结果

点位	变量	模型 1		模型 2		模型 3	
		均值（方差）	95% 置信区间	均值（方差）	95% 置信区间	均值（方差）	95% 置信区间
路段	截距	**0.860** (0.227)	(0.409,1.30)	**0.889** (0.207)	(0.473,1.288)	**0.930** (0.140)	(0.663,1.213)
	中间开口宽度	**0.725** (0.183)	(0.354,1.074)	**0.806** (0.181)	(0.473,1.147)	**0.878** (0.145)	(0.577,1.145)
	道路等级	**0.960** (0.138)	(0.685,1.228)	**0.962** (0.144)	(0.681,1.245)	**0.973** (0.143)	(0.689,1.254)
	车道密度	**0.751** (0.132)	(0.501,1.013)	**0.836** (0.155)	(0.582,1.166)	**0.900** (0.157)	(0.596,1.242)
	车辆限速	**0.447** (0.195)	(0.118,0.907)	**0.574** (0.142)	(0.217,0.798)	**0.697** (0.145)	(0.450,0.988)
	log AADT	**0.577** (0.147)	(0.274,0.908)	**0.622** (0.134)	(0.383,0.877)	**0.789** (0.117)	(0.552,1.002)

续表

点位	变量	模型 1		模型 2		模型 3	
		均值（方差）	95% 置信区间	均值（方差）	95% 置信区间	均值（方差）	95% 置信区间
信号交叉口	截距	**0.801**（0.249）	(0.295,1.266)	**0.750**（0.228）	(0.296,1.181)	**0.720**（0.162）	(0.402,1.026)
	NETMA	0.370[a]（0.228）	(−0.061, 0.730)	0.174[b]（0.239）	(−0.178, 0.868)	0.062[c]（0.219）	(−0.254, 0.553)
	NETMI	**0.751**（0.194）	(0.398,1.125)	**0.545**（0.225）	(0.197,1.068)	**0.444**（0.202）	(0.111,0.926)
	PLMA	**0.873**（0.160）	(0.568,1.189)	**0.850**（0.161）	(0.549,1.176)	**0.757**（0.183）	(0.388,1.107)
	PLMI	**0.862**（0.160）	(0.555,1.182)	**0.868**（0.152）	(0.574,1.163)	**0.797**（0.157）	(0.467,1.088)
	交叉口类型	**0.829**（0.156）	(0.529,1.129)	**0.803**（0.164）	(0.476,1.128)	**0.782**（0.159）	(0.465,1.088)
	PMMA	**0.869**（0.165）	(0.539,1.195)	**0.829**（0.168）	(0.512,1.182)	**0.747**（0.167）	(0.433,1.091)
	PMMI	**0.902**（0.161）	(0.586,1.223)	**0.858**（0.161）	(0.556,1.184)	**0.804**（0.158）	(0.495,1.115)
	ASD	**−0.180**（0.079）	(−0.359, −0.037)	**−0.139**（0.073）	(−0.286, −0.007)	**−0.101**（0.061）	(−0.217, −0.002)
	主路的 log AADT	**0.480**（0.223）	(0.078,0.943)	**0.269**（0.147）	(0.144,0.5778)	0.217[d]（0.167）	(−0.097, 0.548)

注:[a] 表明在 85% 的置信区间显著相关;[b] 表明在 72.5% 的置信区间显著相关;[c] 表明在 47.5% 的置信区间显著相关;[d] 表明在 87.5% 的置信区间显著相关;详细的变量描述参见表 5.1;黑体表明对应变量在该模型的检测下具有显著性。

5.4　安全分析

本章旨在还原信号协调控制干线上事故的 3 种时空异质关联性,包括固定空间和线性时间变化、固定空间和线性/二次时间变化和时空交互变化。对于信号交叉口来说(表 5.3 和表 5.4),伴随固定空间和线性时间变化的泊松对数正态模型(模型 1)的拟合优度高于伴随固定空间和线性/二次时间变化的泊松对数正态模型(模型 2)和伴随时空交互变化的泊松对数正态模型(模型 3)。依据 5.2.1 节中不同时空异质关联性的变化特征,上述结果表明,信号交叉口事故的空间变化与时间变化无关。一种可能的解释是,干线的信号协调作用减轻了信号交叉口时间和空间异质关联性的交互作用。具体来说,由于信号协调的作用,车辆在"绿波带"期间形成稳定的车队,从而以不变的车头时距沿交叉口连续行驶。交叉口固定的车头时距与车辆不变的分布状态紧密相连,而车流的稳定分布与不变的事故空间影响密切相关,从而导致随时间变化的稳定的空间异质关联性[5,8]。对于路段来说,模型 3 优于其他两个模型(表 5.3),这意味着在路段上,时间和空间异质关联性之间有着交互作用[73]。在不受协调信号影响的情况下,路段上时变的车头时距会导致时间的不稳定分布,从而造成时间和空间变化之间的交互作用。

上述分析表明:①由于时间和空间异质关联性的交互作用,车辆沿路段的运动状态是变化的、不稳定的,因此,应对路段投入更多的重视,如定期进行安全分析,采用信息收集系统实时地为驾驶员提供时空信息[184]以及增加振动减速路面标志以控制行驶车辆的车速,同时,车辆应采用先进技术,以规避潜在的安全风险、动态采用合适的驾驶策略,如使用人工智能[185]、车联网[186]、无人驾驶[187-188]等技术;②考虑时空异质关联性的不同,为了提高变量回归结果的可靠性,应分别对路段和信号交叉口进行安全评价,检测影响指标的显著性。

对于路段来说,中间开口宽度、车道密度和 log AADT 的变大会增加事故发生的数量(表5.5)。这一结论与文献研究结论保持一致[119,163,189]。车辆限速的增加会引发更多的交通事故。这可以解释为在不受信号协调信号控制的路段上,无序的车辆会产生聚集效应,施加更高的车辆限速可能会给驾驶员带来更多的事故风险[71,73]。为了避免路段事故的发生,建议适当降低路段的车辆限速。

对于信号交叉口来说(表5.5),支路的直行专用车道数目和交叉口的入口数量对事故的发生具有正相关的作用,交叉口主路/支路的两个入口均设有左转/右转专用车道会增加事故发生的隐患[114,190]。主路和支路之间较高的车辆限速差(ASD)会导致较少事故的发生。由于在信号协调控制下,信号交叉口主路的限速相对较高,支路的车流量相对较小(表5.1)。因此,相较于仅在支路上施加以中等或较低的车辆限速,信号交叉口在主路和支路上都施以较高的车辆限速会增加事故的发生[124]。为了提高安全性能,需要合理分配限速,即在主路上施以较高的车辆限速,而在支路上加设较低的车辆限速。依据95%置信区间的检测,主路的直行专用车道数目的增减与事故数量的变化没有联系。这归因于信号协调控制减轻了车道数目的变化对事故统计量的影响。具体来说,尽管直行专用车道数目的增加,会造成更多的车辆在单位时间内进入主路,可能增加了潜在的安全隐患,但在信号协调控制下,这些车辆将会形成连续通行的车队,从而减少车辆"走走停停"的现象,降低事故发生的概率,缓解了车道数目这一因素对事故频次的影响[68-69]。上述现象也可能是本章模型未能同时考量多重异质关联性(见本书第6章)影响了变量显著性检测结果的稳定性所致。

5.5 本章小结

本章在宏观层面上借助 PLN 模型比较了信号协调控制干线的 3 种类型的时空异质关联性,包括固定空间和线性时间变化、固定空间和线性/二次时间变化和时空交互变化。研究结果表明:①协调的干线上应分别采用不同的模型,如伴随时空交互变化的 PLN 模型最适合路段数据,伴随固定空间和线性时间变化的 PLN 模型在信号交叉口表现较好;②路段上的时间与空间异质关联性存在交互作用,而信号交叉口时间与空间异质关联性之间不存在显著的联系。研究结果强调了对信号协调控制干线(尤其是路段)定期进行安全分析和动态监测的必要性。

本章考量了时间维度对事故的影响,潜在地提高了安全评价结果的稳定性。本章分析的信号协调干线的具体时空变化形态,以及时空异质关联性在模型中的构建方法,为第 6 章融合多维度多重异质关联性的(信号协调控制干线)安全分析奠定了基础。

第 6 章　信号协调控制干线多重异质关联性安全分析

　　综合微观层面的事故异质关联性(第 3 章)、中观层面的结构异质关联性(第 4 章)和宏观层面的时空异质关联性(第 5 章),旨在构建融合多维度多重异质关联性的(信号协调控制干线)安全评价理论与方法,并实现信号协调干线事故频次的精准安全评估。本章的结构分为 5 个部分:6.1 节对协调干线的变量数据进行描述性统计;6.2 节介绍本章所需的 7 个模型,包括泊松对数正态模型(模型 A)、多变量泊松对数正态模型(模型 B)、联合多变量泊松对数正态模型(模型 C)、联合多变量泊松对数正态条件自回归模型(模型 D)、伴随固定空间和线性时间变化的联合多变量泊松对数正态条件自回归模型(模型 E)、伴随固定空间和线性/二次时间变化的联合多变量泊松对数正态条件自回归模型(模型 F)以及伴随时空交互变化的联合多变量泊松对数正态条件自回归模型(模型 G);安全评价结果和安全分析部分在 6.3 节和 6.4 节分别进行阐述。

6.1　数据处理与描述性统计

　　融合第 3 章的受伤和财损事故数据(表 3.1 和表 3.2)、第 4 章的交通子区变量数据(表 4.1)以及第 5 章的路段/信号交叉口变量数据(表 5.1),本章所用数据的描述性统计见表 6.1。

表 6.1　变量的描述性统计

点位	变量	均值	方差	最小值	最大值
路段	事故数据				
	总事故数量	51.74	54.79	0	196
	受伤事故数量	10.18	10.03	0	34
	财损事故数量	41.47	41.47	0	176
	道路设计特征				
	车道数	4.92	0.82	2	7
	路段长度(英里)	1.07	0.79	0.06	3.24
	中间开口宽度(英尺)	13.28	19.13	0	60.45
	道路等级(在主干线上取 1,在次干线上取 2)	0.26	0.45	0	1.00
	车道密度(车道数/英里)	13.41	20.78	1.55	87.72
	中间开口密度(中间开口数/英里)	2.39	5.40	0	23.76
	交通特征				
	车辆限速(英里/h)	36.71	4.39	30	45
	AADT(车流量/d)	24 229.79	7 603.32	12 298	38 386
交通子区	事故数据				
	总事故数量	81.80	99.40	25	455
	道路设计特征				
	长度(英里)	1.19	0.79	0.06	3.36
	交通特征				
	平均车辆限速(英里/h)	36.98	4.43	30	45
	平均 AADT(车流量/d)	24 545.39	7 422.46	12 298	38 386

续表

点位	变量	均值	方差	最小值	最大值
信号交叉口	事故数据				
	总事故数量	95.97	69.15	4	308
	受伤事故数量	17.29	12.08	0	46
	财损事故数量	78.66	78.66	4	262
	道路设计特征				
	NETMA:主路的直行专用车道数目	2.74	0.89	2	5
	NETMI:支路的直行专用车道数目	0.71	1.23	0	4
	RWMA:主路入口处的路面宽度(英尺)	67.12	22.62	36.03	135.38
	RWMI:支路入口处的路面宽度(英尺)	42.15	14.49	21.18	76.87
	PLMA:主路的入口均设有左转专用车道(是取1,否取0)	0.50	0.51	0	1
	PRMA:主路的入口均设有右转专用车道(是取1,否取0)	0.68	0.47	0	1
	PLMI:支路的入口均设有左转专用车道(是取1,否取0)	0.61	0.50	0	1
	PRMI:支路的入口均设有右转专用车道(是取1,否取0)	0.84	0.37	0	1
	交叉口类型(十字形取1,T字形取0)	0.68	0.47	0	1
	交叉口大小(所有入口的车道数大于等于19取1,其他取0)	0.26	0.45	0	1
	PMMA:主路有中央隔离带(是取1,否取0)	0.39	0.50	0	1
	PMMI:支路有中央隔离带(是取1,否取0)	0.32	0.47	0	1

续表

点位	变量	均值	方差	最小值	最大值
信号 交叉口	交通特征				
	PSMA:主路的车辆限速(英里/h)	37.24	5.03	30	45
	PSMI:支路的车辆限速(英里/h)	30.79	5.27	25	40
	ASD:主路和支路车辆限速差的绝对 值(英里/h)	6.84	5.38	0	20
	主路的 AADT(车流量/d)	24 861	7 619.88	12 298	38 386

注:类似 5.1 节,斜体的变量为路段/信号交叉口经过相关性分析后过滤掉的变量;英文缩写的全称见
2.3—2.4 节。

6.2 统计学分析方法

6.2.1 模型构建

本节使用 7 种模型(模型 A—G),对多重异质关联性进行分析。具体模型
的总结见表 6.2。

表 6.2 安全评价模型总结

模型	A	B	C	D	E	F	G
作用	事故频次模型的基础	融合事故异质关联性	研究结构异质关联性	考虑空间异质关联性	分析伴随固定空间和线性时间变化的时空异质关联性	解决伴随固定空间和线性/二次时间变化的时空异质关联性	处理伴随时空交互变化的时空异质关联性

续表

模型	A	B	C	D	E	F	G
借鉴前文的章节	3.2.1, 4.2.1	3.2.1	4.2.4, 4.2.5	3.2.2, 4.2.5	5.2.1	5.2.1	5.2.1

多维度多重异质关联性安全评价模型的构建过程如下(见1.4.2节,图1.6):①构建基础的带有随机影响项的事故频次模型(模型A);②在微观层面上,融合第3章路段/信号交叉口内的事故异质关联性(模型B);③在中观层面上,研究第4章交通子区内的结构异质关联性(模型C);④考量第4章交通子区间的空间异质关联性(模型D);⑤在宏观层面上,利用第5章的统计学模型,处理信号协调干线内的时空异质关联性(模型E—G),最终完成模型体系的构建。

依据多重异质关联性安全评价模型的构建流程,通过对比模型A和B,可以验证财损和受伤事故间异质关联性的存在性;对比模型B和C,可以分析路段和信号交叉口间结构异质关联性的存在性;对比模型C和D,可以明确交通子区间的空间异质关联性的存在性;对比模型E,F和G,可以考量交通子区间的时空异质关联性的具体类型。

1)泊松对数正态模型(模型A)

模型A的具体形式如下:

$$\log(\theta_{ij}^k) = \lambda_j^k + \boldsymbol{\beta}_j^k \boldsymbol{X}_i^k + D_i^k + \bar{\varepsilon}_{ij}^k \tag{6.1}$$

其中,$\bar{\varepsilon}_{ij}^k$ 是单变量随机影响,服从的分布为 $N(0, 1/l_j^k)$,$l_j^k \sim \mathrm{gamma}(0.01, 0.01)$。$D_i^k$ 是二分变量,当 $k=1$ 时等于路段的长度,当 $k=2$ 时等于0。模型A的详细构建过程以及其他变量的解释请参见3.2.1节、4.2.1节以及5.2.1节。

2)多变量泊松对数正态模型(模型B)

在模型A的基础上,融合第3章财损和受伤事故间的异质关联性,模型B

服从以下分布：

$$\log(\theta_{ij}^k) = \lambda_j^k + \boldsymbol{\beta}_j^k \boldsymbol{X}_i^k + D_i^k + \varepsilon_{ij}^k \tag{6.2}$$

其中，$\varepsilon_{ij}^k \curvearrowright \mathrm{MN}_j^k(0, \sum_\varepsilon)$，$\sum_\varepsilon^{-1} \sim \mathrm{Wishart}(\boldsymbol{R}, n)$。模型 B 的详细构建过程以及变量解释请参见 3.2.1 节。在微观层面上，模型 B 进一步考量了路段/信号交叉口内的事故异质关联性。

3）联合多变量泊松对数正态模型（模型 C）

依据第 4 章交通子区内，路段和信号交叉口间结构异质关联性的构建方法，模型 C 满足以下公式：

$$\log(\theta_{ij}^k) = \lambda_j^k + \boldsymbol{\beta}_j^k \boldsymbol{X}_i^k + D_i^k + \varepsilon_{ij}^k + \boldsymbol{\eta} \boldsymbol{Z}_i + H_k \tag{6.3}$$

其中，$\boldsymbol{Z}_i$ 是由交通子区的解释变量组成的向量；$\boldsymbol{\eta}$ 是回归后所求的系数向量；H_k 是路段和相邻信号交叉口间的结构异质关联性。详细的描述见 4.2.4 节和 4.2.5 节的式（4.8）和式（4.11）。在中观层面上，模型 C 进一步分析了交通子区内的结构异质关联性（相较于模型 B），此刻任意交叉口和其相邻路段都统一归类为交通子区。

4）联合多变量泊松对数正态条件自回归模型（模型 D）

模型 D 是在模型 C 的基础上融合了第 4 章的 CAR 项，其公式如下：

$$\log(\theta_{ij}^k) = \lambda_j^k + \boldsymbol{\beta}_j^k \boldsymbol{X}_i^k + D_i^k + \varepsilon_{ij}^k + \boldsymbol{\eta} \boldsymbol{Z}_i + H_k + \psi_i \tag{6.4}$$

其中，ψ_i 代表交通子区的空间异质关联性，其服从的分布和具体描述见 4.2.5 节的式（4.11）和 3.2.2 节的式（3.7）。模型 D 进一步研究了交通子区的空间异质关联性，为后续（宏观层面）交通子区时空异质关联性的对比（模型 E—G）奠定了基础。

5）伴随固定空间和线性时间变化的联合多变量泊松对数正态条件自回归模型（模型 E）

在模型 D 的基础上，借鉴第 5 章模型的构建方法，分析伴随固定空间和线性时间变化的时空异质关联性，模型的具体形式如下：

$$\log(\theta_{ij}^{kt}) = \lambda_j^k + \boldsymbol{\beta}_j^k \boldsymbol{X}_i^k + D_i^k + \varepsilon_{ij}^k + \boldsymbol{\eta} \boldsymbol{Z}_i + H_k + \widetilde{ST}_i^t \qquad (6.5)$$

$$\widetilde{ST}_i^t = \psi_i + (\xi + \delta_i) * t \qquad (6.6)$$

其中,$\widetilde{ST}_i^t = \psi_i + (\xi + \delta_i) * t$ 为固定空间和线性时间变化的时空异质关联性;t 为线性时间趋势;ξ 为所有点位 i 的平均时间变化;δ_i 服从和 ψ_i 一样的分布。类似的描述详见 5.2.1 节。

6)伴随固定空间和线性/二次时间变化的联合多变量泊松对数正态条件自回归模型(模型 F)

在模型 D 的基础上,借助第 5 章的分析方法,融合伴随固定空间和线性/二次时间变化的时空异质关联性,模型的具体形式如下:

$$\log(\theta_j^{kt}) = \lambda_j^k + \boldsymbol{\beta}_j^k \boldsymbol{X}_i^k + D_i^k + \varepsilon_{ij}^k + \boldsymbol{\eta} \boldsymbol{Z}_i + H_k + \overline{ST}_i^t \qquad (6.7)$$

$$\overline{ST}_i^t = \psi_i + (\xi + \delta_i) * t + \gamma * t^2 \qquad (6.8)$$

其中,$\overline{ST}_i^t = \psi_i + (\xi + \delta_i) * t + \gamma * t^2$ 为固定空间和线性/二次时间变化的时空异质关联性;$\gamma * t^2$ 为二次时间干扰,其中 γ 是相关二次时间 t^2 的系数。类似的描述详见 5.2.1 节。

7)伴随时空交互变化的联合多变量泊松对数正态条件自回归模型(模型 G)

在模型 D 的基础上,借助第 5 章的研究内容,明确伴随时空交互变化的时空异质关联性,模型的具体形式如下:

$$\log(\theta_{ij}^{kt}) = \lambda_j^k + \boldsymbol{\beta}_j^k \boldsymbol{X}_i^k + D_i^k + \varepsilon_{ij}^k + \boldsymbol{\eta} \boldsymbol{Z}_i + H_k + \widehat{ST}_i^t \qquad (6.9)$$

$$\widehat{ST}_i^t = \psi_i^t \qquad (6.10)$$

其中,$\widehat{ST}_i^t = \psi_i^t$ 为时空交互变化的时空异质关联性;$\psi_i^t \sim MN^t(0, \sum)$ 是 ψ_i 融合了时间 t 变化的多变量模式。$\sum$ 是方差-协方差的矩阵,呈现如下:

$$\sum\nolimits^{-1} \sim Wishart(\overline{\boldsymbol{R}}, \overline{n}) \qquad (6.11)$$

在式(6.11)中，$\sum^{-1}$ 是 $\sum$ 的逆矩阵；$\overline{R}$ 是正定矩阵；$\overline{n}$ 是自由度。类似的描述详见 5.2.1 节。

6.2.2　变化比率

本章中，α_1，α_2 和 α_3 分别代表事故异质关联性(ε)、结构异质关联性(H)和时空异质关联性(ST)在所有异质关联性中的占比，其表达式分别如下：

$$\alpha_1 = \frac{\mathrm{sd}(\varepsilon)}{\mathrm{sd}(\varepsilon) + \mathrm{sd}(H) + \mathrm{sd}(ST)} \tag{6.12}$$

$$\alpha_2 = \frac{\mathrm{sd}(H)}{\mathrm{sd}(\varepsilon) + \mathrm{sd}(H) + \mathrm{sd}(ST)} \tag{6.13}$$

$$\alpha_3 = \frac{\mathrm{sd}(ST)}{\mathrm{sd}(\varepsilon) + \mathrm{sd}(H) + \mathrm{sd}(ST)} \tag{6.14}$$

其中，$\mathrm{sd}(\cdot)$ 为方差。

6.2.3　贝叶斯先验和模型对比

为了对比模型之间的拟合优度，本书使用了 3 类统计学准则:经典评价准则、流行评价准则和新兴评价准则。

1) 经典评价准则（平均绝对偏差，平均平方预测误差）

经典准则(MAD 和 MSPE)的计算公式参见 5.2.2 节。对于交通子区来说，路段和信号交叉口加权的 MSPE 计算如下:

$$\mathrm{WMSPE} = \frac{M}{M + M}\mathrm{MSPE}^1 + \frac{M}{M + M}\mathrm{MSPE}^2$$

$$= \frac{1}{2MST}\sum_{i=1}^{M}\sum_{j=1}^{S}\sum_{t=1}^{T}(Y_{ij}^{1t} - \theta_{ij}^{1t})^2 + \frac{1}{2MST}\sum_{i=1}^{M}\sum_{j=1}^{S}\sum_{t=1}^{T}(Y_{ij}^{2t} - \theta_{ij}^{2t})^2 \tag{6.15}$$

其中，MSPE^1 和 MSPE^2 分别为路段和交叉口的 MSPE 的计算值。

加权的 MAD(WMAD)的计算方式与 WMSPE 类似。

2)流行评价准则（偏差信息准则）

DIC 的计算公式如下(详见 3.2.4 节和 4.2.6 节)：

$$\text{DIC}^k = \overline{D}^k + P_D^k \qquad (6.16)$$

对于交通子区来说,路段和信号交叉口总计的 TDIC 计算如下：

$$\text{TDIC} = \text{DIC}^1 + \text{DIC}^2 \qquad (6.17)$$

其中,DIC^1 和 DIC^2 分别为路段和信号交叉口 DIC 的计算值。

3)新兴评价准则（对数拟边际概率）

LPML 的计算公式详见 5.2.2 节。对于交通子区来说,路段和信号交叉口总计的 TLPML 的计算公式如下：

$$\text{TTPML} = \text{LPML}^1 + \text{LPML}^2 = \log \prod_{i=1}^{M} (\text{CPO}_i^1 \, \text{CPO}_i^2) \qquad (6.18)$$

其中,LPML^1 和 LPML^2 分别为路段和信号交叉口 LPML 的计算值。

6.3 安全评价结果

本书用 WinBUGS 1.4.3 软件仿真模型 A—G。总的选代数设定为 30 000,包括 10 000 次的初始循环,与第 5 章中设定相同。

6.3.1 模型拟合优度分析

表6.3 和表6.4 分别总结了模型 A—D 和模型 E—G 的拟合优度结果。从模型 C 开始,路段和相邻的信号交叉口被划分为一个整体(交通子区),需要对比整个交通子区的指标评价结果才有意义(如 TDIC,WMAD 和 WMSPE 等)。

依据表6.3,模型 D 的适应性依次优于模型 C、模型 B 和模型 A。这是由于模型 D 的 TDIC 值(888.565)依次显著地小于模型 C、模型 B 和模型 A(分别为

903.119,926.193 和 973.746)[160]。然而对于模型 A—D 来说,WMAD 和 WMSPE 的检测结果与 TDIC 的不一致,这是 WMAD 和 WMSPE 在检测模型的拟合程度时,未能考虑模型的复杂程度,从而造成结果的不精确[169](表1.2)。

表 6.3　模型 A—D 模型适应性对比

准则	模型 A		模型 B		模型 C	模型 D
	路段	交叉口	路段	交叉口		
DIC	433.301	540.445	399.828	526.365	—	—
TDIC	973.746		926.193		903.119	**888.565**
MAD	3.236	4.886	3.030	4.769	—	—
WMAD	4.061		**3.899 5**		3.903	3.930
MSPE	26.030	48.310	25.060	46.840	—	—
WMSPE	37.170		35.950		35.800	36.320

注:黑体值对应的模型在该评价准则的检测中表现最优。

为了在随机影响项较复杂的情形下(进一步考量时间因素的划分)精确地评估模型 E—G 的适应性,表 6.4 添加了 TLPML 的方法。由表 6.4 可知,相较于模型 G 和模型 F 来说,模型 E 有着最大的 TLPML 值(-65.750 > -66.890 > -75.470)和最小的 TDIC 值(4 780.790 < 4 785.050 < 4 940.530),模型 E 对数据有最好的适应性。WMAD 和 WMSPE 没能考虑模型的复杂程度,造成模型 E—G 回归的偏差,导致与 TLPML 和 TDIC 的评价结果不一致[169](表1.2)。

表 6.4　模型 E—G 适应性对比

准则	模型 E	模型 F	模型 G
TLPML	**-65.750**	-75.470	-66.890
TDIC	**4 780.790**	4 785.050	4 940.530
WMAD	1.473	**1.465**	1.592
WMSPE	5.379	**5.292**	6.871

注:黑体值对应的模型在该评价准则的检测中表现最优。

由于模型 E—G 对 9 年的时间因素进行了考量,极大地增加了事故频次的分析层数和维度,因此模型 A—D 与模型 E—G 之间的对比通过上述评价准则的直接判断是没有意义的[153]。表 6.5 总结了模型 E—G 中 3 类异质关联性的占比。依据模型 E 的评价结果(表 6.4 中模型 E 比模型 F,G 拟合优度高),sd(ε),sd(H)和 sd(ST)均有实值,分别为 5.179,0.481 和 1.126。信号协调干线上的事故、结构和时空异质关联性均存在。模型 E—G 比,模型 A—D 多考量了时空异质关联性(见 6.2.1 节),实现了多重异质关联性的检测,在某种程度上具有更好的模型适应性。综上所述,模型 E 比模型 A—D 以及模型 F 和 G 的预测精度要高。依据模型之间对比的结果,后续的分析将依据模型 E 展开。

依据表 6.5 中模型 E 的检测,α_1 的值(0.764)依次大于 α_3 和 α_2(分别为 0.166 和 0.070),这表明在信号协调控制干线上,事故异质关联性的影响依次大于时空和结构异质关联性[111,140-142]。

表 6.5　模型 E—G 中异质关联性对比

准则	模型 E(95% 置信区间)	模型 F(95% 置信区间)	模型 G(95% 置信区间)
sd(ε)	5.179 (4.161,6.748)	43.360 (20.060,66.430)	4.996 (3.843,6.169)
sd(H)	0.481 (0.098,1.172)	0.568 (0.096,1.705)	0.347 (0.065,1.003)
sd(ST)	1.126 (0.556,1.807)	11.580 (0.905,19.810)	1.215 (0.987,1.392)
α_1	0.764 (0.651,0.873)	0.796 (0.754,0.940)	0.761 (0.669,0.818)
α_2	0.070 (0.015,0.164)	0.011 (0.002,0.028)	0.052 (0.011,0.138)
α_3	0.166 (0.089,0.258)	0.193 (0.043,0.239)	0.187 (0.151,0.236)

注:括号内为模型对应检测值的 95% 置信区间。

6.3.2　变量检测

表 6.6 罗列了模型 E—G 的变量回归结果(模型 A—B 以及模型 C—D 的变量回归结果详见附录中表 A.1 和表 A.2)。依据模型 E,对于路段来说,受伤和

财损事故与以下变量呈正显著相关关系,包括中间开口密度、车道密度、车辆限速和 log AADT。同时,道路等级的提高(主干线的增加)与受伤和财损事故的增加成正比。对于交通子区来说,子区内平均 log AADT 的增加会增加事故发生的概率;事故数量随着平均车辆限速的提高而减少;交通子区长度与事故的发生多少没有直接影响。对于信号交叉口来说,财损和受伤事故与以下变量有着正相关影响:主路/支路的直行专用车道数目(NETMA 和 NETMI)以及主路的 log AADT。主路/支路的入口均设有左转/右转专用车道(PLMA,PLMI,PMMA 和 PMMI)、十字形交叉口的增多均会导致受伤和财损事故数量的增加。ASD 变量的变化与两类事故的发生与否没有显著的关联性。

此外,相较于第 3 章(表 3.6 和表 3.7),第 4 章(表 4.4 和表 4.5),第 5 章(表 5.5)的变量回归结果来说,表 6.6 中模型 E—G 同时考量了多重异质关联性,不显著变量的占比较小,变量检测的显著性程度明显提高。

表 6.6　关于模型 E—G 的变量回归结果

点位	类型	变量	模型 E		模型 F		模型 G	
			均值(方差)	95%置信区间	均值(方差)	95%置信区间	均值(方差)	95%置信区间
路段	受伤事故	截距	0.998 (0.033)	(0.934,1.062)	0.999 (0.033)	(0.934,1.063)	0.998 (0.031)	(0.936,1.059)
		中间开口宽度	0.492 (0.157)	(0.203,0.807)	0.862 (0.207)	(0.404,1.241)	0.415 (0.221)	(0.005,0.827)
		道路等级	0.972 (0.195)	(0.590,1.352)	0.995 (0.194)	(0.616,1.377)	0.986 (0.190)	(0.623,1.361)
		车道密度	0.655 (0.130)	(0.386,0.911)	0.839 (0.150)	(0.545,1.159)	0.615 (0.167)	(0.316,0.976)
		车辆限速	0.656 (0.183)	(0.253,1.024)	0.842 (0.231)	(0.404,1.312)	0.664 (0.210)	(0.270,1.107)
		log AADT	0.701 (0.166)	(0.395,1.034)	0.820 (0.166)	(0.504,1.133)	0.750 (0.156)	(0.455,1.066)

续表

点位	类型	变量	模型 E		模型 F		模型 G	
			均值（方差）	95%置信区间	均值（方差）	95%置信区间	均值（方差）	95%置信区间
路段	财损事故	截距	**0.997**（0.035）	(0.928,1.064)	**0.999**（0.036）	(0.928,1.069)	**0.997**（0.032）	(0.934,1.059)
		中间开口宽度	**0.496**（0.156）	(0.197,0.797)	**0.878**（0.205）	(0.408,1.243)	**0.432**（0.229）	(0.023,0.910)
		道路等级	**0.953**（0.193）	(0.571,1.331)	**0.994**（0.200）	(0.596,1.382)	**0.986**（0.188）	(0.620,1.360)
		车道密度	**0.749**（0.126）	(0.482,0.980)	**0.940**（0.152）	(0.672,1.263)	**0.723**（0.174）	(0.422,1.132)
		车辆限速	**0.635**（0.262）	(0.209,1.130)	**0.573**（0.266）	(0.059,1.160)	**0.695**（0.208）	(0.260,1.107)
		log AADT	**0.652**（0.174）	(0.350,1.001)	**0.728**（0.162）	(0.411,1.079)	**0.700**（0.151）	(0.428,0.992)
交通子区	受伤事故＋财损事故	长度	−0.170[a]（0.119）	(−0.383,0.112)	**0.430**（0.224）	(0.106,0.901)	**−0.381**（0.142）	(−0.638,−0.107)
		平均车辆限速	**−0.586**（0.074）	(−0.752,−0.438)	**0.576**（0.177）	(0.115,0.810)	**−0.395**（0.085）	(−0.542,−0.225)
		平均 log AADT	**0.784**（0.138）	(0.506,1.062)	**0.960**（0.162）	(0.653,1.280)	**0.825**（0.165）	(0.499,1.152)

续表

点位	类型	变量	模型 E		模型 F		模型 G	
			均值 （方差）	95% 置信区间	均值 （方差）	95% 置信区间	均值 （方差）	95% 置信区间
信号交叉口	受伤事故	截距	**0.822** (0.231)	(0.361,1.270)	**0.845** (0.234)	(0.378,1.311)	**0.878** (0.214)	(0.468,1.311)
		NETMA	**0.551** (0.205)	(0.209,1.010)	**0.554** (0.265)	(0.039,1.068)	**0.583** (0.175)	(0.256,0.947)
		NETMI	**0.804** (0.161)	(0.489,1.122)	**0.799** (0.23)	(0.354,1.255)	**0.741** (0.171)	(0.386,1.056)
		PLMA	**0.884** (0.178)	(0.532,1.232)	**0.964** (0.221)	(0.542,1.393)	**1.013** (0.176)	(0.664,1.355)
		PLMI	**0.975** (0.176)	(0.625,1.324)	**0.896** (0.224)	(0.452,1.330)	**1.009** (0.184)	(0.643,1.370)
		交叉口类型	**0.832** (0.19)	(0.457,1.195)	**0.876** (0.226)	(0.435,1.328)	**0.888** (0.180)	(0.533,1.240)
		PMMA	**0.887** (0.186)	(0.515,1.244)	**0.950** (0.232)	(0.471,1.388)	**0.912** (0.191)	(0.537,1.286)
		PMMI	**0.846** (0.179)	(0.503,1.202)	**0.943** (0.226)	(0.507,1.386)	**0.897** (0.193)	(0.523,1.279)
		ASD	-0.097[b] (0.214)	(-0.553, 0.179)	-0.194[d] (0.121)	(-0.380, 0.080)	**0.190** (0.065)	(0.059,0.317)
		主路的 log AADT	**0.536** (0.133)	(0.274,0.802)	**0.553** (0.223)	(0.178,1.030)	**0.699** (0.152)	(0.388,0.979)

续表

点位	类型	变量	模型 E 均值（方差）	模型 E 95%置信区间	模型 F 均值（方差）	模型 F 95%置信区间	模型 G 均值（方差）	模型 G 95%置信区间
信号交叉口	财损事故	截距	**0.938** (0.250)	(0.423,1.419)	**0.924** (0.264)	(0.413,1.452)	**0.970** (0.199)	(0.565,1.332)
		NETMA	**0.904** (0.21)	(0.499,1.323)	**0.767** (0.239)	(0.320,1.181)	**0.648** (0.123)	(0.404,0.882)
		NETMI	**0.900** (0.177)	(0.546,1.253)	**0.838** (0.207)	(0.340,1.196)	**0.679** (0.169)	(0.325,0.982)
		PLMA	**1.018** (0.195)	(0.638,1.410)	**0.988** (0.243)	(0.524,1.461)	**0.878** (0.169)	(0.548,1.208)
		PLMI	**0.892** (0.189)	(0.538,1.286)	**0.932** (0.231)	(0.484,1.377)	**0.826** (0.165)	(0.495,1.138)
		交叉口类型	**0.961** (0.200)	(0.554,1.314)	**0.903** (0.237)	(0.421,1.380)	**0.941** (0.176)	(0.593,1.296)
		PMMA	**1.041** (0.203)	(0.637,1.412)	**1.001** (0.229)	(0.551,1.462)	**0.859** (0.179)	(0.508,1.216)
		PMMI	**1.039** (0.195)	(0.669,1.424)	**0.964** (0.237)	(0.485,1.418)	**0.916** (0.179)	(0.567,1.280)
		ASD	-0.115[c] (0.271)	(-0.756,0.239)	**-1.275** (0.654)	(-2.778,-0.516)	**0.185** (0.057)	(0.061,0.301)
		主路的 log AADT	**0.579** (0.140)	(0.337,0.846)	0.219[e] (0.377)	(-0.548,0.828)	**0.655** (0.131)	(0.409,0.899)

注：[a] 变量在92.5%的置信区间负相关；[b] 变量在47.5%的置信区间正相关；[c] 变量在47.5%的置信区间负相关；[d] 变量在72.5%的置信区间负相关；[e] 变量在72.5%的置信区间正相关；具体的变量描述参见表6.1；黑体表明对应变量在该模型的检测下具有显著性。

6.4　安全分析

本章依次从微观、中观和宏观层面出发,分别考量了信号协调控制干线的事故、结构和时空异质关联性,构建了融合多维度的多重异质关联性的事故频次模型,实现了信号协调控制干线的综合安全评价。

研究表明,联合多变量泊松对数正态条件自回归模型(模型 D)的拟合优度依次高于联合多变量泊松对数正态模型(模型 C)、多变量泊松对数正态模型(模型 B)和泊松对数正态模型(模型 A)(表 6.3)。这是由于相较于模型 A,模型 B 考量了事故异质关联性;相较于模型 B,模型 C 进一步分析了结构异质关联性;相较于模型 C,模型 D 最终融合了空间异质关联性。上述模型对比的结果验证了事故、结构、空间异质关联性的存在性。伴随固定空间和线性时间变化的联合多变量泊松对数正态条件自回归模型(模型 E)、伴随固定空间和线性/二次时间变化的联合多变量泊松对数正态条件自回归模型(模型 F)以及伴随时空交互变化的联合多变量泊松对数正态条件自回归模型(模型 G)进一步对比了信号协调干线上的时空异质关联性,明确了时间和空间之间的联系,并最终实现了多维度多重异质关联性的评价,模型 E—G 的适应性比模型 A—D 更好。表 6.5 中 α_1,α_2 和 α_3 的值都大于 0;表 6.6 中显著性变量占比的提高,均验证了事故、结构和时空异质关联性在信号协调干线上的存在。为了提高干线的运营效率,信号协调系统形成了"绿波带",促使车辆形成高速的连续运行的车队[28,62],而这种稠密形态的车队内车辆密切相连。在路段/交叉口内,车辆的紧密耦合,使得受伤与财损事故的发生互相作用,形成微观层面的事故异质关联性[7,167,191](第 3 章 3.4 节);稠密的车流使信号交叉口对路段的关联程度大大增加,增强了路段事故与交叉口事故的密切联系,导致中观层面(交通子区内)的结构异质关联性[68,72,192](第 4 章 4.4 节);车队在协调控制干线上串联成整体,导致宏观层面时空异质关联性的存在[5,8](第 5 章 5.4 节)。

考虑信号协调将车流耦合成一个紧密的整体,产生了异质关联性(事故、结构和时空),导致事故在干线上的关联程度大大增强。为了降低连锁事故的发生,缓解严重的交通安全隐患,提出以下交通安全改善建议:①在驾照考试中,增加有关信号协调控制干线内容的科目,提高驾驶员对信号协调系统的理论认知,增强道路实测中驾驶水平的提高;②交通管理部门需在信号协调干线的入口处设立警示标牌,对通行车辆进行安全提示[72],如提醒驾驶员在信号协调带速的范围内进行行驶;③在车辆上安装可变信息标志系统(Variable Message Sign System,VMSS),为驾驶员准备协调干线实时的路况信息[184];④在协调控制干线上鼓励车辆使用自动驾驶/车辆网/人工智能等先进技术[185-188],消除人为的干扰因素,并通过安全工程系统(硬件和软件)中函数的性能优化实现精准的事故控制和预测,确保安全效应的巨大提升。此外,研究结果表明,在构建干线信号协调的事故频次模型中,在进行信号协调干线的安全分析时,事故、结构、时空异质关联性的融合必不可缺。这验证了构建多重异质关联性安全评价理论与方法的意义和重要性。

模型E—G之间的对比表明,模型E具有更好的模型适应性(表6.4)。依据6.2.1节的模型描述,说明交通子区间有伴随固定空间和线性时间变化的时空异质关联性,也就是说,交通子区间的空间异质关联性的变化与时间的迁移无关。这是信号协调"绿波带"的作用机理,导致信号交叉口上空间异质关联性的稳定,影响了整个交通子区。具体来说,信号协调的"绿波带"作用促使车辆形成连续稳定的通行车队,从而以不变的车头时距通过信号交叉口。信号交叉口稳定的车头时距与不变的车流分布状态紧密相连,导致了随时间迁移而稳定的空间异质关联性[5,8](第5章5.4节)。鉴于稳定的空间异质关联性作用,可以设定多个交通子区的基础控制单元[170],以距离远近为度量、以关联度强弱为标准实时地划分信号协调系统的优化范围,响应动态的交通需求,保证车队在干线通行的稳定和一致性,缓解绿波带过长或过短、车辆的"走停"现象所带来的不安全举措(如加速和急刹车等)[193-195]。

　　同时,研究发现事故异质关联性(微观层面的路段/交叉口内,财损和受伤事故之间)的影响大小占比依次高于时空异质关联性(宏观层面的协调干线内,交通子区事故之间)和结构异质关联性(中观层面的交通子区内,路段和信号交叉口事故之间)(表6.5)。鉴于在耦合的交通流中,事故异质关联性对回归结果的影响最大,驾驶员应在路段/信号交叉口上小心驾驶,尤其避免不同严重程度事故(财损和受伤事故)的叠加和转化。此外在信号协调控制干线上,不同点位、不同类型的异质关联性强弱存在差异,驾驶员需要动态地响应关联度准则,实时地关注不同点位的车流分布状态,提高安全风险意识,控制好行驶车速和车头时距,并安装启动预警系统(Actuated Advance Warning System,ADWS)[175],降低关联度差异带来的安全隐患;给驾驶车辆配备视频记录技术,通过车载传感器记录大量数据(包括横纵向加速度、偏航率、刹车和加速器应用状态以及与其他车辆和物体的间距等),为驾驶员在信号协调干线的安全通行保驾护航[120]。

　　对于路段来说(表6.6),中间开口宽度的大小、车道密度和车辆限速的高低、log AADT 的多少,都对受伤和财损事故的发生呈显著的正相关影响。此外,相较于次干线,主干线上事故发生的概率明显增大。由于信号协调主要作用在信号交叉口上,因此高速的连续车队在通过交叉口后会大量涌入其相邻的路段。然而路段没有信号协调的控制,车辆容易产生聚集效应,导致车头时距会变小[13](第4章4.4节)。此时中间开口宽度的变大,容易促使驾驶员产生一系列的冒险行为(如同时掉头等),容易进一步引起车辆的拥堵,产生较大的安全隐患。类似地,车道密度的增加、车辆限速的提高、log AADT 的变大以及道路等级的提升会加剧路段上车辆行驶状态的风险,容易导致更多交通事故的发生[119,124,161,163,189]。为了提高路段上的安全效应,应该降低开口宽度的大小,甚至减少中间开口的设立;设定较低的车辆限速,或者安装振动减速路面标志来控制车辆行驶速度;驾驶员在驶入路段时要提高注意力,保持好视距。

　　在交通子区上,平均 log AADT 与事故的发生呈正显著相关(表6.6),这与以往的研究结论保持一致[116,124]。交通子区的长度与事故的发生没有直接影响。交通子区由信号交叉口和路段两部分组成。由于信号交叉口的区域大小几乎相同(2.1 节),因此交通子区的变化主要由路段长度的差异引起。然而交通子区的事故主要发生在信号交叉口内部以及与路段的交界区域(表 6.1),当交通子区长度(路段)变长时,信号交叉口的范围没有改变,整个交通子区事故数量的变化不显著。事故数量随着平均车辆限速的提高而减少,这是信号协调导致干线上车辆的通行效率提升,形成了连续的车队;而较高的限速确保了车辆有足够的行驶能力在信号交叉口跟上车队,在某种意义上缓解了整个交通子区内加速、急停和闯红灯等危险的驾驶行为[68,176](第 3 章 3.4 节)。

在信号交叉口上,财损和受伤事故的增加是由于主路/支路的直行专用车道数目的变多、十字形交叉口的增加和主路 log AADT 的变大以及主路/支路的两个入口均设有左转/右转专用车道。这与以往的研究结论保持一致[124,108,114,167,190]。主路和支路车辆限速差的绝对值大小与事故的发生没有直接的关联性(表 6.6)。相较于支路,信号协调在主路上分配了足够多的"绿波带"时间和较高的车辆限速,确保了车流的通行效率[7,13,72](第 3 章 3.4 节;第 4 章 4.4 节)。即使降低主路和支路的车辆限速差值(相对增加支路上的车辆限速),支路的车流量有限、在信号协调下分配的绿波时间比较缺乏,整个信号交叉口内事故数量的变化不会很明显。

6.5 本章小结

本章同时融合了微观层面的事故异质关联性、中观层面的结构异质关联性、宏观层面的时空异质关联性,构建了融合多维度多重异质关联性的事故频次模型,实现了信号协调控制干线的安全分析。

主要的研究结果总结如下:①信号协调控制干线的情境下,模型 E 对数据的拟合优度最高;②事故、结构、时空异质关联性在信号协调干线上均显著存在,且它们对安全评价结果影响的大小依次为事故、时空和结构异质关联性;③交通子区空间异质关联性的变化与时间无关;④路段上影响事故发生的显著因素有中间开口宽度、车辆限速、log AADT 和道路等级;⑤平均 log AADT 和平均车辆限速的改变会引起交通子区内事故发生概率的变化;⑥信号交叉口上事故隐患的加剧是由于主路/支路的直行专用车道数目变多、十字形交叉口数量的增加、主路的 log AADT 变大以及主路/支路的两个入口均设有左转/右转专用车道。

提出的信号协调控制干线安全改进措施如下:①应该以联立的交通子区为基础单元,响应动态的关联度准则,设立实时的信号协调优化范围,提高干线的安全效应;②在路段上降低开口宽度的大小并设定较低的车辆限速、安装路面震荡减速标志;③在信号协调干线的入口处设立警示标牌;④在车辆上配备车载传感器和视频记录技术以及安装 ADWS 和 VMSS,为驾驶员提供实时的路况信息;⑤在信号协调控制的情形下,鼓励车辆使用自动驾驶和车辆网等先进技术,消除人为的干扰因素,降低干线的安全隐患;⑥设立信号协调干线的驾照考试科目,提高驾驶员的理论认知和道路实测水平,增强其安全风险意识,保持好行驶过程中的车速和车头时距。

本章的安全分析有助于信号协调控制干线安全效应的改善。同时,多重异质关联性模型的构建思路和研究方法为其他道路交通的安全分析提供了借鉴和参考。

结论与展望

一、主要结论

信号协调控制广泛应用在干线交通上,旨在提高车辆的通行效率,协调的信号生成"绿波带",允许车队连续不断地通过干线。然而效率和安全并不是有机统一的整体,目前关于信号协调控制干线安全效应的研究仍显不足、安全分析的结果仍有争议。为了深入鉴别信号协调控制的安全影响因素,提高信号协调干线安全评估的可靠性,本书考量了 3 种类型的异质关联性,包括事故(微观层面)、结构(中观层面)和时空(宏观层面),并以此为基础,构建了多维度多重异质关联性安全评价模型,揭露了信号协调的安全服务水平,明确了应用协调控制系统的事故频次隐患,提出了信号协调控制干线交通安全改善建议。本书的研究工作和结论总结如下:

①在微观层面,借助多变量泊松正态(MPLN)模型,使用了多变量正态分布和方差-协方差矩阵,考量了路段/交叉口内的事故异质关联性(见 3.2.1 节)。此外,进一步添加了条件自回归(CAR)和多变量条件自回归(MCAR)项,提高了 MPLN 模型的预测精度。研究发现,MPLN-MCAR 模型的预测能力优于MPLN 和 MPLN-CAR 模型。此外,路段/信号交叉口内存在着事故类型异质关联性。关于空间异质关联性,受伤与财损事故具有显著的差异(见 3.4 节)。微观层面事故异质关联性的考量,为完善多重异质关联性的安全评价模型奠定了基础。

②在中观层面,构建了联合负二项条件自回归事故求和(JNBCS-CAR)模型,分析了交通子区内(路段和信号交叉口间)的结构异质关联性(见4.2.5节)。为了验证 JNBCS-CAR 模型的优越性,选取传统的5种模型进行了对比,包括泊松对数正态(PLN)、负二项事故求和(NBCS)、泊松对数正态条件自回归(PLN-CAR)、负二项事故求和条件自回归(NBCS-CAR)和分层泊松对数正态条件自回归(HPLN-CAR)。研究表明,JNBCS-CAR 模型的适应性最好。值得注意的是,信号交叉口对路段有较强的结构异质关联性,反之则不显著。相较于路段,信号交叉口间的空间异质关联性密切相关(见4.4节)。中观层面结构异质关联性的构建方法,为建立多重异质关联性的安全评价理论奠定了基础。

③在宏观层面,为了评估协调干线上具体的时空异质关联性,使用了泊松对数正态(PLN)模型,分析了3种时空变化:固定空间和线性时间变化、固定空间和线性/二次时间变化和时空交互变化(见5.2.1节)。分析发现,伴随时空交互变化的 PLN 模型在路段拟合程度更高,而交叉口的数据更适用于伴随固定空间和线性时间变化的 PLN 模型。此外,时间和空间异质关联性在路段上互相影响,而空间关联性在交叉口上不随时间的迁移而变化(见5.4节)。宏观层面时空异质关联性变化的研究,为实现(信号协调干线)多维度多重异质关联性的融合奠定了基础。

④在多维度层面,综合考量了事故、结构、时空异质关联性,构建了多重异质关联性的分析方法(见6.2.1节),实现了安全服务水平的评价。结果表明,事故异质关联性对预测结果的影响大于时空和结构异质关联性。在信号协调控制干线上,依据变量显著性的检测,中间开口宽度、车辆限速、log AADT 和道路等级对路段上事故的发生具有显著的影响;信号交叉口上事故风险的提升是由于主路/支路的直行专用车道数目变多、十字形交叉口数量的增加、主路的 log AADT 变大以及主路/支路的两个入口均设有左转/右转专用车道(见6.3节)。

依据上述结论,提出了信号协调控制干线安全改进措施,例如,设立动态的信号协调控制子区可以实时地响应关联度准则、提升干线的安全服务水平;在路段上降低开口宽度的大小并设定较低的车辆限速、安装路面震荡减速标志;在信号协调干线的入口处设立警示标牌;在车辆上配备车载传感器和视频记录技术以及安装启动预警系统(ADWS)和可变信息标志系统(VMSS),为驾驶员提供实时的路况信息;在信号协调控制的情形下,鼓励车辆使用自动驾驶和车辆网等先进技术,消除人为的干扰因素,降低干线的安全隐患;设立信号协调干线的驾照考试科目,提高驾驶员的理论认知和道路实测水平,增强其安全风险意识,保持好行驶过程中的车速和车头时距(见6.4节)。

上述措施有助于在规划、运营和管理方面为信号协调控制干线安全效应的改善提供参考。同时,多重异质关联性的安全评价方法为其他道路交通的精准安全评估提供了借鉴。

二、展望

本书构建了多重异质关联性安全评价模型,分析了信号协调控制干线的安全效应,取得了一些研究成果。由于干线交通安全涉及的数据较多,除了本书使用的道路设计特征、交通特征以外,还潜在地受到其他影响因素的作用,如驾驶员心理状态、天气条件、社区经济发展水平以及车辆保有量等。随着统计学的发展、模型计算效率的提高,信号协调控制干线事故严重程度的分析等都值得深入讨论。然而限于数据和时间的限制,本书仍有一些不足,需要在今后的研究中进一步展开。

(1)数据角度

①包含更多目前缺失的干线和变量数据(如信号交叉口支路上的 log AADT、信号配时特征、运行车辆的属性以及天气和环境状态等),提高回归过程的可靠性;②鉴于数据精度的较高要求,考量了美国密歇根州安娜堡市的信号协调控制干线,今后将借鉴本书的安全评估手段和改善措施,采集国内相应干线的协调数据信息,充分研究国内信号协调控制干线安全效应的改善;③因为

数据量有限,上下游的交通流量(AADT)无法进一步分解,所以本书未能解释交通流量的异方差性,今后将搜集更精准的点位数据,分析上下游的异质关联性;④除分割周期补偿最优化技术(SCOOT)系统外,评估其他自适应协调系统(ATCS)控制下的干线安全效应;⑤使用事故结果数据评估系统(CODES)和车辆事故数据记录器(EDR)[27,75,120],收集更加精准的事故数据;⑥考虑交通参与者相关数据的缺失,降低分析结果的偏差。

(2)方法角度

①采用更多的时空模型分析时空异质关联性,如时空变化系数(STVC)模型等;②考虑使用积分嵌套拉普拉斯变换(INLT),提高多重异质关联性模型的计算效率;③依据距离信号交叉口的远近,进一步划分路段的空间安全影响区域,构建合理的评价模型,分析不同路段影响区域与信号交叉口的结构异质关联性,并提出事故干预机制;④在分析不同地区干线与局部路网形成机理的基础上,协同传统的信号协调控制干线与交通安全理论,研究信号协调控制干线的决策模型与安全量化指标,构建以效率和安全为双目标的干线信号协调优化方法,为信号协调控制干线的系统规划和科学运营奠定基础;⑤在相关性分析的基础上,选用更合理的方法处理协调干线上变量的多重共线性(如归类不同的变量组合),通过模型拟合的优度大小判断最合理的变量搭配构成;⑥融合多重异质关联性,实现事故严重程度的预测和信号协调控制干线的安全分析;⑦使用统计模式识别和机器学习的方法(如决策树、支持向量积、神经网络和随机森林等[196-202])融合异质关联性,并进行不同模型的适应性对比;⑧使用Vissim 软件仿真,对安全保障策略的有效性进行进一步的验证。

附　录

表 A.1　第 6 章关于模型 A—B 的变量回归结果

点位	类型	变量	模型 A		模型 B	
			均值（方差）	95% 置信区间	均值（方差）	95% 置信区间
路段	受伤事故	截距	0.992 (0.032)	(0.929,1.053)	0.996 (0.032)	(0.934,1.058)
		中间开口宽度	0.162 (0.141)	(−0.109,0.434)	0.842 (0.191)	(0.542,1.280)
		道路等级	0.828 (0.215)	(0.404,1.257)	0.985 (0.197)	(0.598,1.372)
		车道密度	0.382 (0.144)	(0.101,0.659)	0.822 (0.165)	(0.533,1.178)
		车辆限速	−0.423 (0.139)	(−0.691,−0.160)	0.426 (0.236)	(−0.069,0.838)
		log AADT	0.042 (0.168)	(−0.300,0.367)	0.662 (0.183)	(0.299,1.047)
路段	财损事故	截距	0.993 (0.032)	(0.931,1.055)	0.999 (0.031)	(0.938,1.060)
		中间开口宽度	0.224 (0.147)	(−0.066,0.531)	0.810 (0.160)	(0.557,1.177)

点位	类型	变量	模型 A		模型 B	
			均值 （方差）	95% 置信区间	均值 （方差）	95% 置信区间
路段	财损 事故	道路等级	0.815 (0.217)	(0.394,1.240)	0.947 (0.192)	(0.579,1.323)
		车道密度	0.400 (0.159)	(0.083,0.690)	0.849 (0.138)	(0.614,1.136)
		车辆限速	−0.231 (0.124)	(−0.486,0.169)	0.681 (0.228)	(0.204,1.103)
		log AADT	0.162 (0.142)	(−0.109,0.439)	0.602 (0.147)	(0.300,0.882)
信号 交叉口	受伤 事故	截距	0.752 (0.213)	(0.328,1.163)	0.558 (0.197)	(0.178,0.942)
		NETMA	−0.141 (0.127)	(−0.414,0.104)	−0.037 (0.130)	(−0.279,0.230)
		NETMI	0.229 (0.118)	(0.004,0.471)	0.410 (0.161)	(0.130,0.751)
		PLMA	0.587 (0.189)	(0.214,0.958)	0.743 (0.168)	(0.418,1.081)
		PLMI	0.796 (0.184)	(0.439,1.156)	0.864 (0.170)	(0.532,1.197)
		交叉口类型	0.689 (0.182)	(0.334,1.045)	0.685 (0.176)	(0.344,1.038)
		PMMA	0.483 (0.194)	(0.110,0.868)	0.675 (0.187)	(0.309,1.040)
		PMMI	0.553 (0.198)	(0.169,0.943)	0.687 (0.191)	(0.324,1.076)

续表

点位	类型	变量	模型 A		模型 B	
			均值 （方差）	95% 置信区间	均值 （方差）	95% 置信区间
信号 交叉口	受伤 事故	ASD	0.006 (0.033)	(−0.058, 0.067)	−0.028 (0.048)	(−0.144, 0.055)
		主路的 log AADT	0.181 (0.138)	(−0.087, 0.449)	0.219 (0.128)	(−0.018, 0.479)
信号 交叉口	财损 事故	截距	0.945 (0.219)	(0.520, 1.378)	0.987 (0.201)	(0.602, 1.374)
		NETMA	0.074 (0.127)	(−0.155, 0.313)	0.193 (0.129)	(−0.047, 0.453)
		NETMI	0.241 (0.104)	(0.048, 0.456)	0.401 (0.167)	(0.103, 0.740)
		PLMA	0.643 (0.190)	(0.278, 1.034)	0.778 (0.170)	(0.450, 1.124)
		PLMI	0.793 (0.169)	(0.462, 1.124)	0.791 (0.173)	(0.461, 1.129)
		交叉口类型	0.772 (0.186)	(0.399, 1.131)	0.872 (0.177)	(0.511, 1.226)
		PMMA	0.480 (0.190)	(0.112, 0.852)	0.708 (0.191)	(0.345, 1.088)
		PMMI	0.598 (0.187)	(0.216, 0.945)	0.837 (0.186)	(0.478, 1.207)
		ASD	0.026 (0.032)	(−0.038, 0.096)	−0.022 (0.049)	(−0.13, 0.061)
		主路的 log AADT	0.331 (0.133)	(0.078, 0.592)	0.309 (0.119)	(0.102, 0.561)

注:模型 A—B 的详细定义及解释见表 1.1 及 6.2.1 节;英文缩写的全称见 2.3—2.4 节。

表 A.2　第 6 章关于模型 C—D 的变量回归结果

点位	类型	变量	模型 C		模型 D	
			均值（方差）	95% 置信区间	均值（方差）	95% 置信区间
路段	受伤事故	截距	0.999（0.031）	(0.938,1.060)	0.998（0.032）	(0.934,1.060)
		中间开口宽度	0.417（0.153）	(0.136,0.717)	0.476（0.128）	(0.216,0.715)
		道路等级	0.949（0.188）	(0.574,1.319)	0.936（0.190）	(0.568,1.318)
		车道密度	0.617（0.129）	(0.360,0.864)	0.632（0.111）	(0.419,0.849)
		车辆限速	0.706（0.213）	(0.313,1.140)	0.713（0.225）	(0.216,1.115)
		log AADT	0.726（0.162）	(0.409,1.034)	0.761（0.141）	(0.501,1.060)
	财损事故	截距	0.998（0.032）	(0.935,1.060)	0.998（0.033）	(0.934,1.062)
		中间开口宽度	0.427（0.155）	(0.134,0.736)	0.485（0.127）	(0.218,0.713)
		道路等级	0.953（0.187）	(0.583,1.320)	0.925（0.188）	(0.564,1.299)
		车道密度	0.732（0.129）	(0.470,0.981)	0.737（0.108）	(0.524,0.948)
		车辆限速	0.696（0.197）	(0.310,1.063)	0.723（0.158）	(0.429,1.048)
		log AADT	0.666（0.158）	(0.377,0.974)	0.718（0.135）	(0.462,0.976)

续表

点位	类型	变量	模型 C		模型 D	
			均值（方差）	95%置信区间	均值（方差）	95%置信区间
交通子区	受伤事故+财损事故	长度	-0.106 (0.156)	(-0.427,0.158)	-0.079 (0.098)	(-0.267,0.117)
		平均车辆限速	-0.466 (0.107)	(-0.666,-0.260)	-0.515 (0.066)	(-0.636,-0.380)
		平均 log AADT	0.834 (0.138)	(0.569,1.110)	0.879 (0.133)	(0.634,1.165)
信号交叉口	受伤事故	截距	0.887 (0.227)	(0.442,1.319)	0.897 (0.245)	(0.421,1.390)
		NETMA	0.521 (0.178)	(0.194,0.882)	0.476 (0.192)	(0.158,0.911)
		NETMI	0.662 (0.172)	(0.342,1.005)	0.647 (0.151)	(0.344,0.944)
		PLMA	1.024 (0.182)	(0.671,1.379)	0.982 (0.178)	(0.634,1.338)
		PLMI	1.012 (0.182)	(0.645,1.366)	0.999 (0.177)	(0.657,1.353)
		交叉口类型	0.901 (0.179)	(0.545,1.242)	0.879 (0.184)	(0.520,1.242)
		PMMA	0.870 (0.192)	(0.487,1.240)	0.857 (0.186)	(0.488,1.219)
		PMMI	0.866 (0.190)	(0.492,1.236)	0.847 (0.186)	(0.483,1.210)
		ASD	0.140 (0.071)	(0.008,0.288)	0.079 (0.057)	(-0.024,0.201)
		主路的 log AADT	0.703 (0.187)	(0.341,1.045)	0.655 (0.147)	(0.385,0.959)

点位	类型	变量	模型 C		模型 D	
			均值（方差）	95% 置信区间	均值（方差）	95% 置信区间
信号交叉口	财损事故	截距	0.981（0.235）	(0.500,1.433)	0.920（0.237）	(0.461,1.381)
		NETMA	0.589（0.199）	(0.188,1.057)	0.558（0.197）	(0.222,0.987)
		NETMI	0.614（0.168）	(0.301,0.970)	0.631（0.152）	(0.324,0.930)
		PLMA	0.875（0.181）	(0.525,1.239)	0.896（0.190）	(0.524,1.261)
		PLMI	0.857（0.163）	(0.561,1.182)	0.868（0.175）	(0.538,1.208)
		交叉口类型	0.993（0.175）	(0.647,1.338)	0.957（0.187）	(0.580,1.303)
		PMMA	0.831（0.195）	(0.429,1.200)	0.881（0.189）	(0.487,1.224)
		PMMI	0.923（0.179）	(0.569,1.271)	0.931（0.179）	(0.577,1.293)
		ASD	0.134（0.066）	(0.009,0.260)	0.083（0.057）	(-0.013,0.206)
		主路的 log AADT	0.668（0.182）	(0.319,0.996)	0.655（0.155）	(0.389,0.948)

注：模型 C—D 的详细定义及解释见表 1.1 及 6.2.1 节；英文缩写的全称见 2.3—2.4 节。

参考文献

［1］裴玉龙,孙明哲,董向辉. 城市主干路交叉口信号协调控制系统设计研究 ［J］. 交通运输工程与信息学报,2004,2(2):41-46.

［2］仇东华. 干线协调控制的研究与设计［D］. 合肥:中国科学技术大学,2009.

［3］Beak B,Head K L,Khosravi S. Quantitative analysis of smooth progression in traffic signal systems［J］. Journal of Transportation Engineering,Part A:Systems,2017,144(3):04017082.

［4］Cesme B,Furth P G. Self-organizing traffic signals using secondary extension and dynamic coordination［J］. Transportation Research Part C:Emerging Technologies,2014,48:1-15.

［5］Dion F,Hellinga B. A methodology for obtaining signal coordination within a distributed real-time network signal control system with transit priority［C］. The 80th Annual Meeting of the Transportation Research Board,Washington DC,2001.

［6］Zheng F,Van Zuylen H,Liu X. A methodological framework of travel time distribution estimation for urban signalized arterial roads［J］. Transportation Science,2017,51(3):893-917.

［7］Guo F,Wang X,Abdel-Aty M A. Modeling signalized intersection safety with corridor spatial correlations［J］. Accident Analysis and Prevention,2010,42(1):84-92.

[8] Robertson D I, Bretherton R D. Optimizing networks of traffic signals in real time-the SCOOT method [J]. IEEE Transactions on Vehicular Technology, 1991, 40(1):11-15.

[9] Rakha H, Medina A, Sin H, et al. Traffic signal coordination across jurisdictional boundaries: Field evaluation of efficiency, energy, environmental, and safety impacts [J]. Transportation Research Record: Journal of the Transportation Research Board, 2000, 1727:42-51.

[10] Unal A, Rouphail N, Frey H. Effect of arterial signalization and level of service on measured vehicle emissions[J]. Transportation Research Record: Journal of the Transportation Research Board, 2003, 1842:47-56.

[11] Madireddy M, De Coensel B, Can A, et al. Assessment of the impact of speed limit reduction and traffic signal coordination on vehicle emissions using an integrated approach[J]. Transportation Research Part D: Transport and Environment, 2011, 16(7):504-508.

[12] De Coensel B, Can A, Degraeuwe B, et al. Effects of traffic signal coordination on noise and air pollutant emissions [J]. Environmental Modelling and Software, 2012, 35:74-83.

[13] 李卓. 面向交通安全的城市信号协调控制干线优化研究[D]. 西安: 长安大学, 2017.

[14] Yun I, Park B. Stochastic optimization for coordinated actuated traffic signal systems[J]. Journal of Transportation Engineering, 2012, 138(7):819-829.

[15] 荆彬彬, 徐建闽, 鄢小文. 适于双周期的干道绿波信号协调控制模型[J]. 交通运输系统工程与信息, 2018, 18(1):73-80.

[16] Arsava T, Xie Y C, Gartner N H. Arterial progression optimization using OD-BAND: case study and extensions [J]. Transportation Research Record: Journal of the Transportation Research Board, 2016, 2558, 1-10.

［17］ Li J Q. Bandwidth Synchronization Under Progression Time Uncertainty［J］. IEEE Transactions on Intelligent Transportation Systems, 2014, 15（2）: 749-759.

［18］ 刘小明,王力. 基于综合绿波带最宽的交叉口信号协调控制优化方法［J］. 吉林大学学报:工学版,2013,43(1):62-67.

［19］ Zhang C, Xie Y, Gartner N H, et al. AM-Band: An Asymmetrical Multi-Band model for arterial traffic signal coordination［J］. Transportation Research Part C: Transportation Research Part C: Emerging Technologies,2015,58:515-531.

［20］ Yang X, Cheng Y, Chang G L. A Multi-path progression model for synchronization of arterial traffic signals［J］. Transportation Research Part C: Emerging Technologies,2015,53:93-111.

［21］ Urbanik T, Tanaka A, Lozner B, et al. Signal timing manual, second edition ［M］. Transportation Research Board. Washington DC,2015.

［22］ Andalibian R, Zong T, Wu N, et al. Performance assessment on noncoordinated signalized arterials and guidelines for signal coordination ［R］. 2013, No. 13-2258.

［23］ Stevanovic A, Kergaye C, Haigwood J. Assessment of surrogate safety benefits of an adaptive traffic control system［C］. In 3rd International Conference on Road Safety and Simulation, Indianapolis, IN,2011.

［24］ World Health Organization. Global status report on road safety: Time for action ［R］. World Health Organization, Geneva, Switzerland,2009.

［25］ World Health Organization. Global status report on road safety 2013: Supporting a decade of action［R］. World Health Organization, Geneva, Switzerland,2013.

［26］ World Health Organization. Global status report on road safety 2018 ［R］. World Health Organization. Geneva, Switzerland,2018.

［27］ Mannering F L, Shankar V, Bhat C R. Unobserved heterogeneity and the statistical analysis of highway accident data[J]. Analytic. Methods in Accident Research,2016,11:1-16.

[28] Zhang G,Fan Y,Jiang X,et at. Assessing the impacts of signal coordination on the crash risks of various driving cohorts[J]. Journal of Safety Research,2019, 70:79-87.

[29] Putha R,Quadrifoglio L,Zechman E. Comparing ant colony optimization and genetic algorithm approaches for solving traffic signal coordination under oversaturation conditions [J]. Computer-Aided Civil and Infrastructure Engineering, 2012,27(1):14-28.

[30] Islam A,Bin S M A,Hajbabaie A. Distributed coordinated signal timing optimization in connected transportation networks[J]. Transportation Research Part C:Emerging Technologies,2017,80:272-285.

[31] Bazzan A L. A distributed approach for coordination of traffic signal agents [J]. Autonomous Agents and Multi-Agent Systems,2005,10(2):131-164.

[32] Abdel-Aty M A,Radwan A E. Modeling traffic accident occurrence and involvement[J]. Accident Analysis and Prevention,2000,32(5):633-642.

[33] Hauer E. Overdispersion in modelling accidents on road sections and in empirical Bayes estimation[J]. Accident Analysis and Prevention,2001,33(6): 799-808.

[34] Lord D,Washington S P,Poisson J N. Poisson-Gamma and zero inflated regression models of motor vehicle crashes:balancing statistical fit and theory[J]. Accident Analysis and Prevention,2005,37(1):35-46.

[35] 于晨牧. 基于时序规划的交通信号区域协调控制方法研究[M]. 长春:东北师范大学出版社,2009.

[36] Khattak Z H,Fontaine M D,Boateng R A. Evaluating the impact of adaptive signal control technology on driver stress and behavior using real-world experi-

mental data[J]. Transportation Research Part F：Traffic Psychology and Behaviour,2018,58：133-144.

[37] Sims A G,Dobinson K W. The Sydney coordinated adaptive traffic（SCAT）system philosophy and benefits[J]. IEEE Transactions on Vehicular Technology,1980,29(2)：130-137.

[38] 黄雁.我国自行研制开发的第一个城市交通控制系统[J].公安科技情报，1991,(19)：2-4.

[39] Coensel B D,Can A,Degraeuwe B,et al. Effects of traffic signal coordination on noise and air pollutant emissions［J］. Environmental Modelling and Software,2012,35(4)：74-83.

[40] Papageorgiou M,Diakaki C,Dinopoulou V,et al. Review of road traffic control strategies[J]. Proceedings of the IEEE,2003,91(12)：2043-2067.

[41] Morgan J T,Little J D C. Synchronizing traffic signals for maximal bandwidth [J]. Operations Research,1964,12(6)：896-912.

[42] Wey W M. Model formulation and solution algorithm of traffic signal control in an urban network[J]. Computers,Environment and Urban Systems,2000,24(4)：355-378.

[43] 马万经,吴志周,杨晓光.基于交叉口群公交优先协调控制方法研究[J].土木工程学报,2009,(2)：105-111.

[44] 张国刚.城市双交叉口信号协调模糊控制与优化算法的研究[D].成都：西南交通大学,2010.

[45] 刘久明.城市信号控制交叉口干道协调技术方法研究[D].广州：华南理工大学,2014.

[46] 吴伟,马万经,杨晓光.车路协同环境下基于路径的信号协调优化模型[J].吉林大学学报：工学版,2014,(2)：343-351.

[47] Al-Ofi K A. The effect of signal coordination on intersection safety[D]. King

Fahd University of Petroleum and Minerals, Ph. D. Dissertation, Dhahran, Saudi Arabia,1994.

[48] Little J D C. The synchronization of traffic signals by mixed-integer linear programming[J]. Operations Research,1966,14(4):568-594.

[49] Webster F V. Traffic signal settings[R]. Rood Research Laboratory Technical Paper,London,1958,Number 39.

[50] Purdy W C,Schnorr C G. Graphic construction display generator:U. S. Patent 3,418,459[P]. U. S. Patent and Trademark Office,Washington DC,1968.

[51] Gartner N H,Assmann S F,Lasaga F, et al. MULTIBAND—a variable-bandwidth arterial progression scheme[J]. Transportation Research Record:Journal of Transportation Research Board,1990,1287:212-222.

[52] Ceylan H,Bell M G H. Genetic algorithm solution for the stochastic equilibrium transportation networks under congestion[J]. Transportation Research Part B:Methodological,2005,39(2):169-185.

[53] Chang J,Bertoli B,Xin W. New signal control optimization policy for oversaturated arterial systems[R]. 2010,Number 10-3760.

[54] Liu Y,Chang G L. An arterial signal optimization model for intersections experiencing queue spillback and lane blockage[J]. Transportation Research Part C:Emerging Technologies,2011,19(1):130-144.

[55] Hu H,Wu X,Liu H X. Managing oversaturated signalized arterials:a maximum flow based approach[J]. Transportation Research Part C:Emerging Technologies,2013,36:196-211.

[56] 孔祥杰. 城市路网交通流协调控制技术研究[D]. 杭州:浙江大学,2009.

[57] Cheng S F. CoSIGN:A parallel algorithm for coordinated traffic signal control [J]. IEEE Trans. Intelligent Transportation Systems,2006,7(4):551-564.

[58] Al Islam S B,Hajbabaie A. Distributed coordinated signal timing optimization

in connected transportation networks[J]. Transportation Research Part C: Emerging Technologies, 2017, 80:272-285.

[59] Gartner N H, Pooran F J, Andrews C M. Implementation of the OPAC adaptive control strategy in a traffic signal network[C]. Paper presented at:4th IEEE Intelligent Transportation Systems Conference, Oakland, USA, 2001.

[60] Singh M G, Titli A. Systems: decomposition, optimisation, and control[M]. Pergamon, 1978.

[61] Zang L, Jia L, Meng X. An Optimization Control Algorithm of Traffic Signals for Urban Arterials[C]. Iita International Conference on Control, Automation and Systems Engineering IEEE Computer Society, 2009:338-341.

[62] Zhang G, Jiang X, Fan Y, et al. Examining the factors influencing the injury severity of crashes on arterials with signal coordination[J]. Journal of Transportation Safety and Security, 2019.

[63] Williamson M R, Fries R N, Qi Y, et al. Identifying the safety impact of signal coordination projects along urban arterials using a meta-analysis method[J]. Journal of Traffic and Transportation Engineering, 2018, 6:61-72.

[64] Carter M, St-Onge C. Analysis of the Safety impacts of signal coordination in Phoenix, mmdi safety workshop slides[C]. Presentation Made at the MMDI Safety Workshop, 1999.

[65] Lodes M, Benekohal R F. Safety benefits of implementing adaptive signal control technology[R]. Federal Highway Administration, Washington DC, 2013, FHWA-ICT-12- 020.

[66] Moore S E, Lowrie P R. Further on the effects of coordinated traffic signal systems on traffic accidents[C]. Paper Presented at 8th Australian Road Research Board Conference, 1976.

[67] Parsonson P S. Runcost analysis of the Peachtree road expansion of the city of

Atlanta's traffic control system, final report[R]. Prepared for Sperry Systems Management, Great Neck, NY, 1983.

[68] Li W. Models of crash likelihood and methods of safety improvement at coordinated signalized intersections[D]. Purdue University Press, West Lafayette, US, 2008.

[69] Tindale S A, Hsu P P. Crash data and signal coordination: A one-way pair case study[J]. Journal of Safety Research, 2005, 36(5): 481-482.

[70] Rodegerdts L A, Nevers B, Robinson B, et al. Signalized intersections: informational guide[R]. Federal Highway Administration, United States Department of Transportation, Washington DC, 2004, FHWA-HRT-04-091.

[71] Li W, Tarko A P. Effect of arterial signal coordination on safety[J]. Transportation Research Record: Journal of Transportation research Board, 2011, 2237: 51-59.

[72] Fan Y, Zhang G, Ma J, et al. Comprehensive evaluation of signal-coordinated arterials on traffic safety[J]. Analytic Methods in Accident Research, 2019, 21: 32-43.

[73] Liu C, Sharma A. Using the multivariate spatio-temporal Bayesian model to analyze traffic crashes by severity[J]. Analytic methods in accident research, 2018, 17: 14-31.

[74] Zhang G, Fan W, Meng T, et al. Microscopic evaluation of traffic safety at signal coordinated intersections: A before-after study[J]. Traffic Injury Prevention, 2018, 1-7.

[75] Mannering F L, Bhat C R. Analytic methods in accident research: Methodological frontier and future directions[J]. Analytic methods in accident research, 2014, 1: 1-22.

[76] MacNab Y C. Bayesian spatial and ecological models for small-area crash and

injury analysis [J]. Accident Analysis and Prevention, 2004, 36 (6): 1019-1028.

[77] Lord D, Mannering F L. The statistical analysis of crash-frequency data: a review and assessment of methodological alternatives [J]. Transportation Research Part A: Policy and Practice, 2010, 44(5) :291-305.

[78] Abdel-Aty M A, Wang X. Crash estimation at signalized intersections along corridors: analyzing spatial effect and identifying significant factors [J]. Transportation Research Record: Journal of the Transportation Research Board, 2006, 1953:98-111.

[79] Quddus M A. Modeling area-wide count outcomes with spatial correlation and heterogeneity: an analysis of London crash data [J]. Accident Analysis and Prevention, 2008, 40(4) :1486-1497.

[80] Aguero-Valverde J. Full Bayes Poisson gamma, Poisson lognormal, and zero inflated random effects models: comparing the precision of crash frequency estimates [J]. Accident Analysis and Prevention, 2013, 50:289-297.

[81] Shaon M R R, Qin X, Shirazi M, et al. Developing a random parameters negative binomial-lindley model to analyze highly over-dispersed crash count data [J]. Analytic Methods in Accident Research, 2018, 18:33-44.

[82] Ulfarsson G F, Shankar V N. Accident count model based on multiyear cross-sectional roadway data with serial correlation [J]. Transportation Research Record: Journal of Transportatio Research Board, 2003, 1840(1) :193-197.

[83] Venkataraman N, Ulfarsson G F, Shankar V N. Random parameter models of interstate crash frequencies by severity, number of vehicles involved, collision and location type [J]. Accident Analysis and Prevention, 2013, 59:309-318.

[84] Hadi M A, Aruldhas J, Chow L F, et al. Estimating safety effects of cross-section design for various highway types using negative binomial regression

[J]. Transportation Research Record: Journal of Transportation Research Board,1995,1500:169-177.

[85] Malyshkina N, Mannering F L, Tarko A. Markov switching negative binomial models:an application to vehicle accident frequencies[J]. Accident Analysis and Prevention,2009,41(2):217-226.

[86] Lord D, Washington S P, Ivan J N. Poisson, Poisson-gamma and zero-inflated regression models of motor vehicle crashes:balancing statistical fit and theory [J]. Accident Analysis and Prevention,2005,37(1):35-46.

[87] Malyshkina N, Mannering F L. Zero-state Markov switching count-data models: an empirical assessment [J]. Accident Analysis Prevention, 2010, 42 (1): 122-130.

[88] Agarwal D K, Gelfand A E, Citron-Pousty S. Zero-inflated models with application to spatial count data[J]. Environmental and Ecological statistics,2002,9 (4):341-355.

[89] Daniels S, Brijs T, Nuyts E, et al. Explaining variation in safety performance of roundabouts[J]. Accident Analysis and Prevention,2010,42(2):393-402.

[90] Oh J, Washington S P, Nam D. Accident prediction model for railway-highway interfaces[J]. Accident Analysis & Prevention,2006,38(2):346-356.

[91] Geedipally S R, Lord D. Examination of crash variances estimated by Poisson-Gamma and Conway-Maxwell-Poisson models[J]. Transportation research record,2011,2241(1):59-67.

[92] Francis R A, Geedipally S R, Guikema S D, et al. Characterizing the performance of the conway-maxwell poisson generalized linear model[J]. Risk Analysis:An International Journal,2012,32(1):167-183.

[93] Lord D, Guikema S D. The Conway-Maxwell-Poisson model for analyzing crash data[J]. Applied Stochastic Models in Business and Industry,2012,28(2):

122-127.

[94] Geedipally S R,Lord D,Dhavala S S. The negative binomial-Lindley generalized linear model:Characteristics and application using crash data[J]. Accident Analysis and Prevention,2012,45:258-265.

[95] Lord D,Geedipally S R. The negative binomial-Lindley distribution as a tool for analyzing crash data characterized by a large amount of zeros[J]. Accident Analysis and Prevention,2011,43(5):1738-1742.

[96] Lord D,Miranda-Moreno L F. Effects of low sample mean values and small sample size on the estimation of the fixed dispersion parameter of Poisson-gamma models for modeling motor vehicle crashes:a Bayesian perspective[J]. Safety Science,2008,46(5):751-770.

[97] Aguero-Valverde J,Jovanis P P. Analysis of road crash frequency with spatial models [J]. Transportation Research Record:Journal of Transportation Research Board,2008,2061(1):55-63.

[98] Jovanis P P,Aguero-Valverde J,Wu K F,et al. Analysis of naturalistic driving event data:Omitted-variable bias and multilevel modeling approaches[J]. Transportation Research Record,2011,2236(1):49-57.

[99] Bhat C R,Born K,Sidharthan R,et al. A count data model with endogenous covariates:formulation and application to roadway crash frequency at intersections[J]. Analytic Methods in Accident Research,2014,1:53-71.

[100] Zou Y,Zhang Y,Lord D. Application of finite mixture of negative binomial regression models with varying weight parameters for vehicle crash data analysis [J]. Accident Analysis and Prevention,2013,50:1042-1051.

[101] Allenby G M,Arora N,Ginter J L. On the heterogeneity of demand[J]. Journal of Marketing Research,1998,35(3):384-389.

[102] Lenk P J,DeSarbo W S. Bayesian inference for finite mixtures of generalized

linear models with random effects[J]. Psychometrika,2000,65(1):93-119.

[103] Verbeke G,Lesaffre E. A linear mixed-effects model with heterogeneity in the random-effects population [J]. Journal of the American Statistical Association,1996,91(433):217-221.

[104] Barua S,El-Basyouny K,Islam M. Multivariate random parameters collision count data models with spatial heterogeneity [J]. Analytic Methods in Accident Research,2016,9:1-15.

[105] Bhat C R,Sidharthan R. A simulation evaluation of the maximum approximate composite marginal likelihood (MACML) estimator for mixed multinomial probit models[J]. Transportation Research Part B:Methodological,2011,45 (7):940-953.

[106] Mccarthy R,Flintsch G W,Katicha S W,et al. New approach for managing pavement friction and reducing road crashes[J]. Transportation Research Record:Journal of Transportation research Board,2016,2591:23-32.

[107] Chin H C,Quddus M A. Applying the random effect negative binomial model to examine traffic accident occurrence at signalized intersections[J]. Accident Analysis and Prevention,2003,35(2):253-259.

[108] Kim D G,Washington S. The significance of endogeneity problems in crash models:an examination of left-turn lanes in intersection crash models[J]. Accident Analysis and Prevention,2006,38(6):1094-1100.

[109] Li J,Wang X. Safety analysis of urban arterials at the meso level[J]. Accident Analysis and Prevention,2017,108:100-111.

[110] Kim D G,Washington S,Oh J. Modeling crash types:new insights into the effects of covariates on crashes at rural intersections[J]. Journal of Transportation Engineering,2006,132(4):282-292.

[111] Huang H,Zhou H,Wang J,et al. A multivariate spatial model of crash fre-

quency by transportation modes for urban intersections[J]. Analytic Methods in Accident Research,2017,14:10-21.

[112] Buddhavarapu P,Scott J G,Prozzi J A. Modeling unobserved heterogeneity using finite mixture random parameters for spatially correlated discrete count data[J]. Transportation Research Part B:Methodological,2016,91:492-510.

[113] Park B J,Lord D. Application of finite mixture models for vehicle crash data analysis[J]. Accident Analysis Prevention,2009,41(4):683-691.

[114] Wang X, Fan T, Chen M, et al. Safety modeling of urban arterials in Shanghai,China[J]. Accident Analysis and Prevention,2015,83:57-66.

[115] Xie K,Wang X,Ozbay K,et al. Crash frequency modeling for signalized intersections in a high-density urban road network[J]. Analytic Methods in Accident Research,2014,2:39-51.

[116] Alarifi S A,Abdel-Aty M A,Lee J,et al. Crash modeling for intersections and segments along corridors:A Bayesian multilevel joint model with random parameters[J]. Analytic Methods in Accident Research,2017,16:48-59.

[117] Hong J,Shankar V N,Venkataraman N. A spatially autoregressive and heteroskedastic space-time pedestrian exposure modeling framework with spatial lags and endogenous network topologies[J]. Analytic Methods in Accident Research,2016,10:26-46.

[118] Venkataraman N, Shankar V N, Ulfarsson G F, et al. A heterogeneity-in-means count model for evaluating the effects of interchange type on heterogeneous influences of interstate geometrics on crash frequencies[J]. Analytic Methods in Accident Research,2014,2:12-20.

[119] Anderson J, Hernandez S. Heavy-vehicle crash rate analysis:comparison of heterogeneity methods using Idaho crash data[J]. Transportation Research Record:Journal of the Transportation Research Board,2017,2637:56-66.

[120] Mannering F L. Temporal instability and the analysis of highway accident data [J]. Analytic Methods in Accident Research,2018,17:1-13.

[121] Anastasopoulos P C. Random parameters multivariate Tobit and zero-inflated count data models:addressing unobserved and zero-state heterogeneity in accident injury-severity rate and frequency analysis[J]. Analytic Methods in Accident Research,2016,11:17-32.

[122] Behnood A, Mannering F L. The effect of passengers on driver-injury severities in single-vehicle crashes:a random parameters heterogeneity-in means approach [J]. Analytic Methods in Accident Research, 2017, 14:41-53.

[123] Ahmed M,Huang H,Abdel-Aty M A,et al. Exploring a Bayesian hierarchical approach for developing safety performance functions for a mountainous freeway[J]. Accident Analysis and Prevention,2011,43(4):1581-1589.

[124] Alarifi S A, Abdel-Aty M A, Lee, J. A Bayesian multivariate hierarchical spatial joint model for predicting crash counts by crash type at intersections and segments along corridors[J]. Accident Analysis and Prevention,2018,119:263-273.

[125] Cai Q,Abdel-Aty M A,Lee J,et al. Developing a grouped random parameters multivariate spatial model to explore zonal effects for segment and intersection crash modeling[J]. Analytic Methods in Accident Research,2018,19:1-15.

[126] Jones A P,Jørgensen S H. The use of multilevel models for the prediction of road accident outcomes[J]. Accident Analysis and Prevention,2003,35(1):59-69.

[127] Kim D G,Lee Y,Washington S,et al. Modeling crash outcome probabilities at rural intersections:application of hierarchical binomial logistic models[J]. Accident Analysis and Prevention,2007,39(1):125-134.

[128] Ma J,Kockelman K M,Boothe C,et al. Bayesian multivariate Poisson regression for models of injury count,by severity[J]. Transportation Research Record:Journal of Transportation Research Board,2006,1950(1):24-34.

[129] Fazio R H,Powell M C,Williams C J. The role of attitude accessibility in the attitude-to-behavior process [J]. Journal of Consumer Research, 1989, 16 (3):280-288.

[130] Glasman L R,Albarracin D. Forming attitudes that predict future behavior:A meta-analysis of the attitude-behavior relation [J]. Psychological Bulletin, 2006,132(5):778.

[131] Bhat C R,Dubey S K. A new estimation approach to integrate latent psychological constructs in choice modeling[J]. Transportation Research Part B: Methodological,2014,67:68-85.

[132] Wang X,Abdel-Aty M A,Brady P. Crash estimation at signalized intersections: significant factors and temporal effect [J]. Transportation Research Record: Journal of Transportation Board,2006,1953:10-20.

[133] Mothafer G I,Yamamoto T,Shankar V N. A negative binomial crash sum model for time invariant heterogeneity in panel crash data:some insights[J]. Analytic Methods in Accident Research,2017,14:1-9.

[134] El-Basyouny K,Kwon D W. Assessing time and weather effects on collision frequency by severity in Edmonton using multivariate safety performance functions[C]. The 91th Annual Meeting of the Transportation Research Board, Washington DC,2012,12-0494.

[135] Cheng W, Gill G S, Sakrani T, et al. Predicting motorcycle crash injury severity using weather data and alternative Bayesian multivariate crash frequency models[J]. Accident Analysis and Prevention,2017,108:172-180.

[136] Siddiqui C, Abdel-Aty M A, Choi K. Macroscopic spatial analysis of

pedestrian and bicycle crashes[J]. Accident Analysis and Prevention,2012, 45:382-391.

[137] Alarifi A,Alsaleh M,Alomar N. A model for evaluating the security and usability of e-banking platforms[J]. Computing,2017,99(5):519-535.

[138] Cheng W,Gill G S,Dasu R,et al. Comparison of multivariate Poisson lognormal spatial and temporal crash models to identify hot spots of intersections based on crash types [J]. Accident Analysis and Prevention, 2017, 99: 330-341.

[139] Mitra S. Spatial autocorrelation and Bayesian spatial statistical method for analyzing intersections prone to injury crashes[J]. Transportation Research Record:Journal of Transportation Research Board,2009,2136:92-100.

[140] Dong N,Huang H,Zheng L. Support vector machine in crash prediction at the level of traffic analysis zones:assessing the spatial proximity effects[J]. Accident Analysis and Prevention,2015,82:192-198.

[141] Dong N,Huang H,Lee J,et al. Macroscopic hotspots identification:a Bayesian spatio-temporal interaction approach[J]. Accident Analysis and Prevention, 2016,92:256-264.

[142] Xu P,Huang H,Dong N,et al. Sensitivity analysis in the context of regional safety modeling:identifying and assessing the MAUP effects[J]. Accident Analysis and Prevention,2014,70:110-120.

[143] Eckley D C,Curtin K M. Evaluating the spatiotemporal clustering of traffic incidents[J]. Computers,Environment and Urban Systems,2013,37:70-81.

[144] Truong L T,Kieu L M,Vu T A. Spatiotemporal and random parameter panel data models of traffic crash fatalities in Vietnam[J]. Accident Analysis and Prevention,2016,94:153-161.

[145] Karlaftis M G,Vlahogianni E I. Statistical methods versus neural networks in

transportation research:differences,similarities and some insights[J]. Transportation Research Part C:Emerging Technologies,2011,19(3):387-399.

[146] Guadamuz-Flores,R,Aguero-Valverde J. Bayesian spatial models of crash frequency at highway-railway crossings[J]. Transportation Research Record: Journal of Transportation Research Board,2017,2608(1):27-35.

[147] Miaou S P,Song J J. Bayesian ranking of sites for engineering safety improvements:decision parameter,treatability concept,statistical criterion,and spatial dependence[J]. Accident Analysis and Prevention,2005,37(4):699-720.

[148] Zhan X,Aziz H M A,Ukkusuri S V. An efficient parallel sampling technique for multivariate Poisson-lognormal model:analysis with two crash count datasets[J]. Analytic Methods in Accident Research,2015,8:45-60.

[149] Zeng Q,Wen H,Huang H,et al. A multivariate random-parameters Tobit model for analyzing highway crash rates by injury severity[J]. Accident Analysis and Prevention,2017,99:184-191.

[150] Castro M,Paleti R,Bhat C R. A latent variable representation of count data models to accommodate spatial and temporal dependence:Application to predicting crash frequency at intersections[J]. Transportation Research Part B: Methodological,2012,46(1):253-272.

[151] Bhat C,Dubey S. A new estimation approach to integrate latent psychological constructs in choice modeling[R]. Technical paper,Department of Civil,Architectural and Environmental Engineering, The University of Texas at Austin,2013.

[152] Narayanamoorthy S,Paleti R,Bhat C R. On accommodating spatial dependence in bicycle and pedestrian injury counts by severity level[J]. Transportation Research Part B:Methodological,2013,55:245-264.

[153] Cheng W,Gill G S,Ensch J L,et al. Multimodal crash frequency modeling:

multivariate space-time models with alternate spatiotemporal interactions[J]. Accident Analysis and Prevention,2018,113:159-170.

[154] City of Ann Arbor. Aspx [R]. Michigan Department of Transportation, Michigan State,US,2017.

[155] Wang X,Abdel-Aty M A,Nevarez A,et al. Investigation of safety influence area for four-legged signalized intersections:nationwide survey and empirical inquiry [J]. Transportation Research Record:Journal of Transportation Research Board,2008,2083(1):86-95.

[156] SEMCOG Traffic Volume Map. [R]. Michigan Department of Transportation, Michigan State,US,2014.

[157] Jonathan A V,Wu K F K,Donnell E T. A multivariate spatial crash frequency model for identifying sites with promise based on crash types[J]. Accident Analysis and Prevention,2016,87:8-16.

[158] Huang H,Abdel-Aty M A,Darwiche A. County-level crash risk analysis in Florida:Bayesian spatial modeling [J]. Transportation Research Record: Journal of Transportation research Board,2010,2148(2):27-37.

[159] Aguero-Valverde J,Jovanis P P. Bayesian multivariate Poisson lognormal models for crash severity modeling and site ranking[J]. Transportation Research Record:Journal of the Transportation Research Board,2009,2136: 82-91.

[160] Speigelhalter D J,Best N G,Carlin B P,et al. Bayesian measures of model complexity and fit [J]. Journal of the Royal Statistical Society:Series B, 2002,64(4):583-639.

[161] Lee J,Abdel-Aty M A,Xu P,et al. Is the safety-in-numbers effect still observed in areas with low pedestrian activities? A case study of a suburban area in the United States[J]. Accident Analysis and Prevention,2019,125:

116-123.

[162] Wang X, Yuan J, Schultz G G, et al. Investigating the safety impact of roadway network features of suburban arterials in Shanghai[J]. Accident Analysis and Prevention, 2018, 113: 137-148.

[163] Wang X, Zhou Q, Quddus M, et al. Speed, speed variation and crash relationships for urban arterials[J]. Accident Analysis and Prevention, 2018, 113: 236-243.

[164] Appiah J, Naik B, Wojtal R, et al. Safety effectiveness of actuated advance warning systems[J]. Transportation Research Record: Journal of the Transportation Research Board, 2011, 2250(1): 19-24.

[165] Naik B, Appiah J. Dilemma zone protection on high-speed arterials[R]. Mid-America Transportation Center, 2014, Report MATC-UNL-055.

[166] Potts I, Harwood D, Richard K. Relationship of lane width to safety on urban and suburban arterials[J]. Transportation Research Record: Journal of Transportation research Board, 2007, 2023: 63-82.

[167] Fan Y, Jiang X, Zhang G, et al. Comprehensive safety assessment of signal coordinated arterials on crash frequency[C]. The 98th Annual Meeting of the Transportation Research Board, Washington DC, 2019, 19-02527.

[168] Park J, Abdel-Aty M A. Safety performance of combinations of traffic and roadway cross-sectional design elements at straight and curved segments[J]. Journal of Transportation Engineering, Part A: Systems, 2017, 143(6): 04017015.

[169] Zeng Q, Huang H. Bayesian spatial joint modeling of traffic crashes on an urban road network[J]. Accident Analysis and Prevention, 2014, 67: 105-112.

[170] Elvik R. Area-wide urban traffic calming schemes: a meta-analysis of safety effects[J]. Accident Analysis and Prevention, 2001, 33(3): 327-336.

[171] Girianna M, Benekohal R F. Using genetic algorithms to design signal coordi-

nation for oversaturated networks [J]. Journal of Intelligent Transportation Systems,2004,8(2):117-129.

[172] Abdel-Aty M A,Devarasetty P C,Pande A. Safety evaluation of multilane arterials in Florida [J]. Accident Analysis and Prevention, 2009, 41 (4): 777-788.

[173] Chimba D,Emaasit D,Allen S,et al. Factors affecting median cable barrier crash frequency:new insights[J]. Journal of Transportation Safety and Security,2014,6(1):62-77.

[174] Dong C,Nambisan S S,Richards S H,et al. Assessment of the effects of highway geometric design features on the frequency of truck involved crashes using bivariate regression [J]. Transportation Research Part A: Policy and Practice,2015,75:30-41.

[175] Pant P D,Cheng Y,Rajagopal A,et al. Field testing and implementation of dilemma zone protection and signal coordination at closely-spaced high speed intersections [R]. Federal Highway Administration, Ohio Department of Transportation,Columbus,OH,2005,FHWA-OH-2005-006.

[176] Montella A. Safety reviews of existing roads:quantitative safety assessment methodology[J]. Transportation Research Record:Journal of Transportation Research Board,2005,1922:62-72.

[177] Evans J D. Straightforward statistics for the behavioral sciences[M]. Brooks/ Cole,1996.

[178] Aguero-Valverde J,Jovanis,P P. Spatial analysis of fatal and injury crashes in Pennsylvania[J]. Accident Analysis and Prevention,2006,38(3):618-625.

[179] Senn S,Barnett V. Disease mapping with WinBUGS and MLwiN[M]. 2004.

[180] Cheng W,Washington S. New criteria for evaluating methods of identifying hot spots[J]. Transportation Research Record:Journal of Transportation Board,

2008,2083(1):76-85.

[181] Heydari S,Fu L,Lord D,et al. Multilevel Dirichlet process mixture analysis of railway grade crossing crash data [J]. Analytic Methods in Accident Research,2016,9:27-43.

[182] Elvik R. State-of-the-art approaches to road accident black spot management and safety analysis of road networks[R]. Institute of Transport Economics, Oslo,Norway,2007,Report 883.

[183] Ntzoufras I. Bayesian modeling using WinBUGS [M]. John Wiley and Sons,2009.

[184] Zhao W,Quddus M,Huang H. Analyzing drivers' preferences and choices for the content and format of variable message signs (VMS)[J]. Transportation Research Part C:Emerging Technologies,2019,100:1-14.

[185] Kouziokas G N. The application of artificial intelligence in public administra-tion for forecasting high crime risk transportation areas in urban environment [J]. Transportation Research Procedia,2017,24:467-473.

[186] Soleimani H,Begin T,Boukerche A. Safety message generation rate adaptation in LTE-based vehicular networks [J]. Computer Networks, 2017, 128: 186-196.

[187] De La Torre G,Rad P,Choo K K R. Driverless vehicle security:Challenges and future research opportunities[J]. Future Generation Computer Systems, 2018,2017.12.041.

[188] Salonen A O. Passenger's subjective traffic safety,in-vehicle security and e-mergency management in the driverless shuttle bus in Finland[J]. Transport Policy,2018,61:106-110.

[189] Sarker A A,Paleti R,Mishra S,et al. Prediction of secondary crash frequency on highway networks [J]. Accident Analysis and Prevention, 2017, 98:

108-117.

[190] Xu X,Kwigizile V,Teng H,et al. Modeling signalized-intersection safety with corner clearance[J]. Journal of Transportation Engineering,2015,140(6): 683-698.

[191] Alsalhi R,Dixit V V,Gayah V V. On the existence of network macroscopic safety diagrams:theory, simulation and empirical evidence[J]. Plos One, 2018,13(8):e0200541.

[192] Virdi N,Grzybowska H,Waller S T,et al. A safety assessment of mixed fleets with connected and autonomous vehicles using the Surrogate Safety Assessment Module[J]. Accident Analysis and Prevention, 2019, 131: 95-111.

[193] 杨庆芳,陈林.交通控制子区动态划分方法[J].吉林大学学报:工学版, 2006,36(2):145-148.

[194] 郭海锋,程君,周悦,等.短时交通状态预测下交通控制子区自动划分方法[J].系统科学与数学,2015,35(8):904-918.

[195] 莫汉康,彭国雄,云美萍.诱导条件下交通控制子区自动划分[J].交通运输工程学报,2002,2(2):67-72.

[196] National Academies. Frontiers in massive data analysis[M]. The National A-cademies Press,Washington DC,2013.

[197] Riviere C,Lauret P,Ramsamy J F M,et al. A Bayesian neural network approach to estimating the energy equivalent speed[J]. Accident Analysis and Prevention,2006,38(2):248-259.

[198] Delen D,Sharda R,Bessonov M. Identifying significant predictors of injury severity in traffic accidents using a series of artificial neural networks[J]. Accident Analysis and Prevention,2006,38(3):434-444.

[199] Chong M,Abraham A,Paprzycki M. Traffic accident analysis using machine

learning paradigms[J]. Informatica,2005,29(1).

[200] Chang L Y. Analysis of freeway accident frequencies: negative binomial re-
gression versus artificial neural network[J]. Safety Science,2005,43(8):
541-557.

[201] Abdelwahab H T,Abdel-Aty M A. Development of artificial neural network
models to predict driver injury severity in traffic accidents at signalized inter-
sections[J]. Transportation Research Record,2001,1746(1):6-13.

[202] Yu R,Abdel-Aty M. Utilizing support vector machine in real-time crash risk
evaluation[J]. Accident Analysis and Prevention,2013,51:252-259.